人民政协的协商民主建设

（2023）

政协全国委员会办公厅

中国文史出版社

目　　录

2023 年是全面贯彻落实中共二十大精神的开局之年，也是十四届全国政协协商履职的起步之年。人民政协坚持以习近平新时代中国特色社会主义思想为指导，深入学习贯彻中共二十大精神，认真贯彻落实习近平总书记对政协工作的重要指示批示要求和中共中央决策部署，深刻领悟"两个确立"的决定性意义，增强"四个意识"、坚定"四个自信"、做到"两个维护"，坚持团结和民主两大主题，坚持人民政协性质定位，坚持在党和国家大局中谋划推进协商工作，与时俱进、守正创新，推动人民政协协商民主建设实现新发展。

一、打牢人民政协协商民主的
思想政治基础

思想是行动的先导，理论是实践的指南。2023年，人民政协认真学习贯彻习近平新时代中国特色社会主义思想，坚持理论研究和实践探索紧密结合、主题教育和履职工作一体推进，从新时代十年伟大变革中，从习近平新时代中国特色社会主义思想蕴含的坚定理想信念、真挚为民情怀、高度历史自信、无畏担当精神中，从新时代人民政协事业发展取得的重大成就中，不断夯实推进协商民主建设的共同思想政治基础，汲取发挥专门协商机构作用的智慧力量，更好担负起新时代新征程人民政协的使命任务。

（一）深入开展学习贯彻习近平新时代中国特色社会主义思想主题教育

2023年4月3日，学习贯彻习近平新时代中国特色社会主义思想主题教育工作会议在北京召开。中共中央总书记、国家主席、中央军委主席习近平出席会议并发表重要讲话，从新时代新征程党和国家事业发展全局的战略高度，深刻阐述开展主题教育的重大意义、目标要求和工作部署，为主题教育提供了根本遵循。按照中共中央统一部署，落实习近平总书记在主题教育工作会议上的重要讲话精神，统筹开展全国政协党组和机关党组、各专门委员会分党组等主题教育，制定实施方案，成立工作机构，聚焦学思想、强党性、重实践、建新功总要求，在以学铸魂、以学增智、以学正风、以学促干方面取得实效，把习近平新时代中国特色社会主义思想转化为坚定理想、锤炼党性的强大力量和提高协商质量、增强协商实效的具体实践。

——坚持学深悟透做实，持续用习近平新时代中国特色社会主义思想凝心铸魂。把学习贯彻习近平新时代中国特色社会主义思想作为主题教育的首要任务，结合马克思主义经典著作、中华优秀传统文化、新时代伟大变革深学细悟、加深理解。全国政协党组理论学习中心组举行 5 次集体学习，围绕习近平新时代中国特色社会主义思想、习近平总书记关于党的建设的重要思想、习近平总书记关于做好新时代党的统一战线工作的重要思想、习近平总书记关于加强和改进人民政协工作的重要思想等深入研讨交流。举办 2 期专题读书班，围绕《习近平著作选读》《习近平新时代中国特色社会主义思想专题摘编》《习近平新时代中国特色社会主义思想学习纲要（2023 年版）》等原原本本学习。以"现代化理论的新发展"等为主题举行 4 次主席会议集体学习。11 个习近平新时代中国特色社会主义思想学习座谈小组共举办学习座谈会 35 次，委员参加 619 人次，覆盖 34 个界别。通过集中学习，深化了对习近平总书记相关重要论述的理解和运用，加深了对"十个明确"、"十四个坚持"、"十三个方面成就"等基本内容的理解把握，提高了运用"六个必须坚持"等贯穿其中的立场观点方法解决实际问题的能力。

——突出政治培训抓好委员学习，引导委员提高政治能力和履职本领。 全国政协高度重视委员学习培训工作，把学习习近平新时代中国特色社会主义思想作为重点，制定十四届全国政协委员集中学习培训规划和培训工作办法、全国政协机关干部教育培训规划和培训工作办法等。全国政协办公厅组织编印学习培训材料，建立授课专家信息库，增强委员围绕中心、服务大局本领。5月30日至6月1日，十四届全国政协新任委员学习研讨班在京举办，中共中央政治局常委、全国政协主席王沪宁出席开班式并讲话。中共中央政治局委员、全国政协副主席石泰峰在结业式上发表讲话。全国政协副主席沈跃跃、周强、穆虹、王东峰、姜信治作专题辅导，3位专家应邀授课，1115名委员参加。学习研讨班把学深悟透党的创新理论作为根本任务，既有关于习近平新时代中国特色社会主义思想科学体系和核心要义的深刻阐释，又有关于其中所蕴含的世界观、方法论及立场观点方法的深入讲解，还有履职必备知识的系统介绍，为委员强化党的创新理论武装、把握政协工作规律、增强履职本领提供有力支撑。7月24日至26日，以"党的创新理论新发展——马克思主义基本原理同中国具体实际相结合、同中华优秀传统文化相结合"为主题，举办委员专题学习研讨班，王东峰副主席兼秘书长出席开班式并作动员讲话，来自31个界别、29个省（自治区、直辖市）的156名全国政协委员参加，引导委员全面深入学习习近平新时代中国特色社会主义思想，及时跟进学习习近平总书记在文化传承发展座谈会上的重要讲话精神，从世界观和方法论的角度进一步深化对党的创新理论的道理学理哲理的把握。围绕"守住中华民族的'根'与'魂'，建设中华民族现代文明"等主题举办3场常委会学习讲座。

　　制定全国政协委员读书活动工作办法，优化委员读书活动。全年开设12个主题读书群，把习近平总书记在中共二十大上所作的报告作为共读书目，组织委员围绕"学习贯彻习近平新时代中国特色社会主义思想"、"马克思主义经典著作研学"等学习交流，及时在读书群传达学习中共中央有关政策和会议精神，跟进学习习近平总书记最新重要讲话和指示批示精神，深刻领悟党的创新理论的真理力量和实践伟力。坚持委员读书向协商履职聚焦，引导委员通过读书学习增长知识、增添智慧、增强本领，推动委员提升思维能力、理论功底、履职素养。比如，在召开双周协商座谈会、专家协商会和开展专题调研等重要协商议政活动前，组织委员就相关议题在"经济社会高质量发展"、"大团结大联合"等读书群预先研学，广泛深入讨论、听取意见建议，为深入协商议政提供交流平台，并在会议发言和调研成果中予以体现。将线上研讨与线下考察有机融合，结合协商议政活动组织委员察民情、访民意、听民声、解民忧。注重梳理委员在读书活动中反映的问题和提出的意见建议，形成提案、会议发言、社情民意信息等协商履职成果，助力党和政府科学决策。

——严肃检视整改，推进加强和改进政协各项工作。 对标对表习近平总书记"把问题整改贯穿主题教育始终，让人民群众切实感受到解决问题的实际成效"的重要要求，以钉钉子精神推进整改落实。广泛征求往届全国政协领导同志、各专门委员会负责同志、政协委员、政协机关干部、各省级和副省级市政协的意见建议，梳理10方面问题，聚焦理论学习、政治素质、能力本领、担当作为、工作作风、廉洁自律6方面10个问题，提出56项整改举措，明确责任单位、整改目标和时限。召开主题教育专题民主生活会，深入开展批评和自我批评，会后对照检查情况完善整改工作方案、新增13条，共形成69项整改举措。党组会议专题听取整改工作"回头看"情况汇报，狠抓整改，着力把主题教育成果转化为加强和改进人民政协工作的具体举措、推动政协工作高质量发展的实际成效。比如，实施中共中央批准的年度协商计划，高质量组织专题议政性常委会会议、专题协商会、双周协商座谈会和远程协商会等协商议政活动，进一步扩大委员参与面，提高深度协商互动、意见充分表达、广泛凝聚共识水平。围绕中共二十大决策部署和"十四五"规划贯彻落实情况开展民主监督，主席会议听取民主监督情况汇报。运用宏观经济形势分析座谈会、专家协商会等协商形式，提出务实管用、前瞻性和操作性强的对策建议。完善议政建言成果反馈机制，坚持"即收即报"和"汇总报送"相结合，全方位反映政协履职成果。坚持团结和民主两大主题，以协商座谈、反映诉求、凝聚共识为纽带，加强同各民主党派和各族各界人士的联系，在协商中深化认识、增进共识。

（二）及时跟进学习习近平总书记最新重要讲话精神和相关重要论述

习近平新时代中国特色社会主义思想是不断丰富发展的科学体系，学习领会这一重要思想，也是一个持续深化学习和实践的过程。全国政协通过建立"第一议题"制度、分类学习相关论述，不断增强学习的针对性、实效性，准确把握协商议政的着力重点，实现学习跟进、认识跟进、行动跟进的有机统一。

——**建立"第一议题"制度，把牢正确政治方向**。全国政协党组会议、主席会议、机关党组会议、各专门委员会分党组会议等把学习贯彻习近平总书记最新重要讲话和指示批示精神作为"第一议题"，及时跟进学习贯彻习近平总书记关于中国式现代化、文化传承发展、加快建设教育强国、开辟马克思主义中国化时代化新境界、全面推进美丽中国建设、人口高质量发展、铸牢中华民族共同体意识等重大问题的一系列新思想新观点新论断，学习领会贯彻习近平总书记在有关地方考察时提出的一系列新任务新部署新要求，深入学习领会贯彻习近平总书记关于民营企业、浙江"千万工程"、树立和践行正确政绩观等重要指示批示精神，自觉把习近平总书记最新要求落实到政协全部工作之中，做到党的理论创新每前进一步，理论武装就跟进一步，履职实践就前进一步。比如，深入学习领会习近平总书记关于党的建设和组织工作的重要指示精神，以党的政治建设为统领推进政协党的各项建设，制定贯彻落实习近平总书记重要指示精神、进一步加强全国政协党的建设的工作方案，召开全国政协党的建设工作座谈会，健全政协党建工作领导小组履职机制，加强对机关党组和专门委员会分党组的领导，研究制定全国政协党组专项巡视工作办法和规划，把党的领导落实到政协履行政治协商、民主监督、参政议政各方面全过程。比如，习近平总书记在黑龙江、浙江、江西考察期间，围绕完整准确全面贯彻新发展理念、构建新发展格局、推动高质量发展等作出一系列重要论述，深刻阐释科技创新发展、推进共同富裕、农业农村现代化、生态环境保护、扩大对内对外开放、加强党的领导和党的建设等重大问题。全国政协主席会议及时跟进学习，强调要紧扣习近平总书记的最新要求，找准全国政协调查研究、建言议政的切入点、着力点，把委员的智慧和力量凝聚到破解实践难题、推动高质量发展上来。

——分类学习习近平总书记相关重要论述，切实用以指导实践和推动工作。坚持学思用贯通、知信行统一，有针对性地加强对习近平经济思想、习近平生态文明思想、习近平外交思想、习近平法治思想、习近平文化思想等的学习，把学习成果转化为推动政协工作高质量发展、更好服务党和国家中心任务的履职实践。比如，及时学习领会全国生态环境保护大会、中央金融工作会议、中央经济工作会议、中央外事工作会议等重要会议精神和中共中央重要部署，全国政协及政协机关、各专门委员会制定实施贯彻落实工作方案64份。比如，举行各种协商活动，都把学习习近平总书记重要讲话和重要指示批示精神作为首要议题，围绕关于构建新发展格局、推进中国式现代化、铸牢中华民族共同体意识、增强中华文明传播力影响力等重大战略问题，聚焦推进高标准农田建设、强化生育支持等具体政策问题，分专题梳理学习习近平总书记相关重要论述，结合中共中央有关文件深化学习理解，在深入领会精神实质和政策要求的基础上开展协商议政，把问题议深议透，对策谋准谋实，确保议政建言方向对、靶点准。比如，全国宣传思想文化工作会议召开后，全国政协通过党组理论学习中心组集体学习、习近平新时代中国特色社会主义思想学习座谈小组研讨学习、常委会集体学习等，深入领会习近平文化思想蕴含的重大创新观点、科学方法论和关于文化建设的战略部署，深刻理解我国文化建设举什么旗、走什么路、坚持什么原则、实现什么目标等根本问题，把握核心要义，明确实践要求。制定《中共全国政协党组学习贯彻习近平文化思想工作方案》，对在政协履职工作中抓好贯彻落实提出明确要求，组织委员围绕"铸就社会主义文化新辉煌，建设中华民族现代文明"开展有针对性的协商议政活动；聚焦贯彻落实"七个着力"重大要求，重点围绕建设具有强大凝聚力和引领力的社会主义意识形态，培育和践行社会主义核心价值观，提升新闻舆论传播力引导力影响力公信力，赓续中华文脉、推动中华优秀传统文化创造性转化和创新性发展，推动文化事业和文化产业繁荣发展，加强国际传播能力建设、促进文明交流互鉴等方面，组织好相关协商议政和视察考察调研活动，运用提案、大会发言、社情民意信息等履职形式，组织委员建言献策。比如，全国生态环境保护大会召开后，全国政协党组和机关党组及时传达学习大会精神，深刻领会习近平总书记关于"四个重大转变"、"五个重大关系"、"六项重大任务"的重要论述。贯彻落实习近平总书记关于"各级政协要加大生态文明建设专题协商和民主监督力度"的重要指示要求，制定《中共全国政协党组贯彻习近平总书记在全国生态环境保护大会上的重要讲话和大会精神的意见》。经报请党中央批准，以"加强生态环境保护，推进美丽中国建设"为主题加开一次专题议政性常委会会议。高质量办好"完善科技创新体系，加快实施创新驱动发展战略"专题议政性常委会会议、"推动建立生态产品价值实现机制"远程协商会、"加快建立新能源产业再生资源回收利用体系"

双周协商座谈会等重要协商议政会议；组织好"推进新时代东北全面振兴"、"实施城市更新行动"等调研视察；实施好"加强黑土地保护"等专项民主监督。围绕全国生态环境保护大会提出的关于"长江生态环境保护"、"新污染物治理"等重点问题，组织好跨专门委员会、跨界别、跨学科的重大专项课题研究，努力提出更具针对性、前瞻性、可操作性的意见和建议。做好涉生态文明建设领域的提案工作，把落实习近平生态文明思想到位、反映情况准确、建议具体可行的提案立起来、交办好。

（三）学习领会习近平总书记关于做好新时代党的统一战线工作的重要思想、关于加强和改进人民政协工作的重要思想，深化对政协工作的规律性认识

把习近平总书记关于做好新时代党的统一战线工作的重要思想、关于加强和改进人民政协工作的重要思想作为主题教育和政协干部培训的重点内容，并置于习近平新时代中国特色社会主义思想整个科学体系中来认识和把握，引导委员更好把握规律，不断强化履职责任担当、明确履职方向重点、提升履职能力水平。

——深入学习领会贯彻习近平总书记关于加强和改进人民政协工作的重要思想。习近平总书记关于加强和改进人民政协工作的重要思想，深刻把握新时代人民政协工作的形势任务和历史方位，科学回答新时代建设什么样的人民政协、怎样推进人民政协事业发展的重大课题。习近平总书记在中央政协工作会议上的重要讲话中，从八个方面概括了中共十八大以来中共中央对人民政协工作的一系列新要求：一是加强党对人民政协工作的领导，二是准确把握人民政协性质定位，三是发挥好人民政协专门协商机构作用，四是坚持和完善我国新型政党制度，五是广泛凝聚人心和力量，六是聚焦党和国家中心任务履职尽责，七是坚持人民政协为人民，八是以改革创新精神推进履职能力建设。这八个方面是一个逻辑严密的有机整体，既强调了加强党对政协工作的全面领导这个根本保证，又明确了把握政协工作规律的基本原则；既强调了人民政协在党和国家事业全局中的重要作用，又明确了人民政协作为专门协商机构、统一战线组织的基本要求。全国政协通过党组理论学习中心组集体学习、常委会会议、新任委员学习研讨班等组织专题学习研讨，并同深入贯彻落实习近平总书记对人民政协工作的重要指示批示结合起来，同学习贯彻中共十八大以来关于人民政协的一系列决策部署结合起来，引导委员准确把握政协工作方位使命、性质定位、原则要求和着力重点，履行好政治协商、民主监督、参政议政的职能作用。

——学深悟透和践行习近平总书记关于做好新时代党的统一战线工作的重要思想。习近平总书记关于做好新时代党的统一战线工作的重要思想，深刻分析了新时代爱国统一战线的历史方位，明确提出做好新时代统战工作的基本任务、工作重点、原则要求和方式方法。习近平总书记在 2022 年召开的中央统战工作会议上，将这一重要思想概括为"十二个必须"，即必须充分发挥统一战线的重要法宝作用，必须解决好人心和力量问题，必须正确处理一致性和多样性关系，必须坚持好发展好完善好中国新型政党制度，必须以铸牢中华民族共同体意识为党的民族工作主线，必须坚持我国宗教中国化方向，必须做好党外知识分子和新的社会阶层人士统战工作，必须促进非公有制经济健康发展和非公有制经济人士健康成长，必须发挥港澳台和海外统战工作争取人心的作用，必须加强党外代表人士队伍建设，必须把握做好统战工作的规律，必须加强党对统战工作的全面领导。这"十二个必须"是对发展壮大新时代爱国统一战线作出的顶层设计和全面部署，既着眼全局又突出重点，既指引方向又明确路径。全国政协通过多种形式、平台和多样化的学习活动，引导委员深刻领会坚持党的领导、统一战线、协商民主有机结合的重要要求，自觉担负起统战工作责任，更好把中共中央方针政策在统一战线落实下去，把更多的人团结凝聚在中国共产党周围，推动新时代统战工作和人民政协工作不断开创新局面。

（四）加强理论研究工作，在研究中深化认识、提升议政建言质量

全国政协高度重视并切实加强理论研究工作，完善党的创新理论学习研究宣传的机制平台，统筹组织开展理论学习研究，推动做好学习贯彻习近平新时代中国特色社会主义思想深化、内化、转化工作，以理论研究提升履职本领，以理论清醒保证政治坚定。

——健全理论研究工作机制，夯实工作基础。研究制定《政协全国委员会关于加强和改进理论研

究工作的意见（试行）》，聚焦学深悟透习近平新时代中国特色社会主义思想这一主题，明确理论研究的重要意义、指导思想、主要原则、重点任务、工作要求等，为开展理论研究工作提供了制度保障。着眼抓好《意见》贯彻落实，制定办公厅贯彻落实《意见》重点任务分工方案，明确各室局和直属单位的理论研究工作职责。首次召开以"学深悟透习近平新时代中国特色社会主义思想，做好全国政协理论研究工作"为主题的办公厅理论研究工作座谈会，邀请中央有关单位、有关省级政协、全国政协有关专门委员会、中国人民政协理论研究会等负责同志和部分政协委员，围绕理论研究的选题方向、课题攻关、成果转化、队伍建设、激励机制、统筹协调等深入交流，为全国政协做好理论研究工作传经送宝。聚焦学习贯彻习近平新时代中国特色社会主义思想学习研究宣传重点任务，广泛征求各有关方面意见，系统汇总并梳理研究各专门委员会办公室建议选题 126 个、各省级政协建议选题 252 个，同时从全国政协委员和各党派团体等报送的 2024 年全国政协协商议题选题建议中遴选理论性较强的若干课题，在综合统筹、认真研究的基础上形成包括 155 个题目的理论研究课题库，为开展理论研究提供选题参考。统筹资源加强理论研究人才队伍建设，由各专门委员会办公室和联络局从界别委员和所联系委员中推荐有理论研究专长的委员，在统筹研究、适当增补的基础上形成理论研究专家库；由各室局、直属单位按照组织推荐和个人自愿相结合的原则，推荐具有理论研究兴趣和培养潜力的干部共 200 多人，形成机关干部理论研究人才库，为开展理论研究提供重要力量支撑。立足实际研究制定办公厅 2024 年理论研究工作计划，从经常性理论研究和机制性研讨活动两方面谋划工作，明确经常性理论研究以课题方式开展，以全国政协理论研究专家库专家、理论研究会理事为主体，鼓励机关干部理论研究人才库成员、地方政协等积极参与，共安排课题 45 个；机制性研讨活动以每季度举办 1 次研讨会的方式安排，每次聚焦 1 个主题交流理论研究成果。

——聚焦协商履职实际，突出党的创新理论组织开展学习研究。坚持政协性质定位，把握理论研究的正确方向、学术导向和价值取向，聚焦习近平新时代中国特色社会主义思想、聚焦新时代新征程党的中心任务、聚焦党的统一战线理论和人民政协理论，依托委员力量、结合履职实际深入开展党的创新理论和人民政协理论学习研究阐释。注重调动委员积极性开展课题研究，从11个习近平新时代中国特色社会主义思想学习座谈小组第三季度发言题目中，选取新发展格局视角下的教育强国建设路径、在中国式现代化进程中加快建设农业强国、践行以人民为中心的发展思想、以新发展格局推进中国式现代化需要统筹好几个关系、统筹推进国内法治和涉外法治建设等15个具有较强理论研究价值的课题，安排有关委员发挥所长、深入开展理论研究。鼓励各专门委员会和部分地方政协积极选题，围绕发挥提案在专门协商机构建设中的作用、地方政府债务与经济增长研究、发挥人民政协在增强中华民族现代文明传播力影响力方面的优势作用、作为中国式内生发展论的"新发展理念"等12个课题组织开展研究。全年共形成理论研究成果近30篇，为高质量协商打下基础。发挥中国人民政协理论研究会平台作用积极开展政协理论研究，紧扣政协履职中的重大理论和实践问题，组织理事和省级政协理论研究会、研究基地等深入开展相关课题研究；举办"发挥人民政协在发展全过程人民民主中的重要作用"理论研讨会，展示政协组织、研究会理事和专家学者学习贯彻中共二十大精神和习近平新时代中国特色社会主义思想的理论成果、实践成果。

——加强宣传阐释，推进理论研究成果转化运用。坚持质量导向，注重政治效果和社会效果相统一，利用《中国政协·理论研究》、《人民政协报》、《中国政协》杂志、中国文史出版社等办公厅所属报刊社，全年刊登全国政协党组成员、各专门委员会分党组书记、地方政协主要负责同志、政协委员理论学习文章516篇。《人民政协报》推出"深入学习宣传贯彻习近平新时代中国特色社会主义思想"专栏，刊登全国政协党组理论学习中心组2023年第一次集体学习时的交流发言文稿，对各级政协组织开展学习工作形成有力指导。《中国政协》杂志开设"理论研究"栏目，通过"专栏＋专家"的方式及时反映理论研究的最新成果；邀请委员中的理论专家聚焦新时代中国特色社会主义发展和当代经济社会深刻变革中的重大理论与现实问题，在"时评时论"栏目发表理论文章。结合委员履职加强理论研究成果转化，从委员提案、大会发言等材料中精心选题，汇总具有较强理论意义和实践价值的材料，编印《政协委员活页文选》5 期、刊发各类研究成果 62 篇；围绕"学习贯彻习近平新时代中国特色社会主义思想主题教育"、"发展全过程人民民主"等加大组稿力度，编辑发行《中国政协·理论研究》4 期，深入阐释党的人民政协理论。

二、党和国家领导同志与政协委员共商国是

　　一年一度的政协全体会议，是人民政协协商履职的最高形式。会议期间，党和国家领导同志看望参加会议的政协委员并参加讨论，与委员们共商国是，充分彰显了人民政协协商民主的真实性、生动性、有效性。

　　2023 年 3 月 4 日至 11 日，全国政协十四届一次会议在北京举行。中共中央总书记、国家主席、中央军委主席习近平等党和国家领导同志出席大会开幕会和闭幕会，看望委员并参加讨论，同委员共商国是。全国政协认真贯彻习近平总书记对开好政

协大会的重要指示批示精神，认真落实中共中央确定的大会指导思想，精心做好 8 场共商国是活动的服务保障工作，14 个界别共约 1000 名委员参加。

（一）习近平总书记看望参加政协会议的民建、工商联界委员并参加联组会，听取意见建议

3 月 6 日下午，习近平总书记来到委员驻地，看望民建、工商联界委员并参加联组会，听取意见建议。联组会上，6 位委员分别围绕占领全球新能源产业制高点、金融支持科技创新、为中小企业发展创造更好条件、促进平台经济高质量发展、推动乡村产业振兴、进一步发挥民营经济优势和活力等作了发言。

习近平总书记在认真听取大家发言后发表重要讲话。他表示，很高兴来看望全国政协民建、工商联界委员，同大家一起讨论交流。他代表中共中央，向在座的各位委员，并向广大民建、工商联成员和非公有制经济人士，向广大政协委员，致以诚挚的问候。

习近平总书记强调，2022 年是党和国家历史上极为重要、极为关键的一年。在国际环境风高浪急和国内面临多重超预期因素冲击的情况下，经过全体人民团结奋斗、顽强拼搏，我们办成了几件事关重大、影响长远的大事，党和国家事业取得了丰硕成果。中国共产党胜利召开第二十次全国代表大会，擘画了全面建设社会主义现代化国家的宏伟蓝图。我们克服新冠疫情等困难挑战，如期安全顺利举办北京冬奥会、冬残奥会。我们动态优化调整防控政策措施，较短时间实现了疫情防控平稳转段，新冠病亡率保持在全球最低水平，取得疫情防控重大决定性胜利。我们完整、准确、全面贯彻新发展理念，着力构建新发展格局、推动高质量发展，在全球通胀达到 40 多年来新高的情况下，我国物价总水平保持平稳，全年经济增长 3%，在世界主要经济体中是很高的。这些成绩的取得，实属不易。

习近平总书记指出，党的十九大以来的五年，是极不寻常、极不平凡的五年。我国发展的外部环境急剧变化，不确定难预料因素显著增多，尤其是以美国为首的西方国家对我实施了全方位的遏制、围堵、打压，给我国发展带来前所未有的严峻挑战。同时国内也面临新冠疫情反复、经济下行压力增大等多重困难。我们坚持稳中求进工作总基调，迎难而上，沉着应对，不信邪、不怕压、不避难，国内生产总值年均增长 5.2%，如期打赢脱贫攻坚战，全面建成小康社会，实现第一个百年奋斗目标，推动党和国家事业取得举世瞩目的重大成就，推动我国迈上全面建设社会主义现代化国家新征程。五年来的成就，是全党全国人民团结奋斗的结果，也凝聚着广大政协委员的贡献。

习近平总书记强调，面对国际国内环境发生的深刻复杂变化，必须做到沉着冷静、保持定力，稳中求进、积极作为，团结一致、敢于斗争。沉着冷静、保持定力，就是要冷静观察国际局势的深刻变动，沉着应对各种风险挑战，既准确识变、科学应变、主动求变，及时优化调整战略策略，又保持战略定力，咬定青山不放松，不为各种风险所惧，朝着既定的战略目标，坚定不移向前进。稳中求进、积极作为，就是大方向要稳，方针政策要稳，战略部署要稳，在守住根基、稳住阵脚的基础上积极进取，不停步、能快则快，争取最好结果。团结一致、敢于斗争。力量源于团结。这些年来，我们面临的各种风险挑战接踵而至，大仗一个接一个，每一仗都是靠全体人民团结奋斗、顽强斗争闯过来的。未来一个时期，我们面临的风险挑战只会越来越多、越来越严峻。只有全体人民心往一处想、劲往一处使，同舟共济、众志成城，敢于斗争、善于斗争，才能不断夺取新的更大胜利。

习近平总书记指出，民营经济是我们党长期执政、团结带领全国人民实现"两个一百年"奋斗目标和中华民族伟大复兴中国梦的重要力量。党中央始终坚持"两个毫不动摇"、"两个健康"、"三个没有变"，始终把民营企业和民营企业家当作自己人。要加强思想政治引领，引导民营企业和民营企业家正确理解党中央方针政策，消除顾虑、放下包袱，增强信心、轻装上阵，实现健康发展、高质量发展。要优化民营企业发展环境，从制度和法律上把对国企民企平等对待的要求落下来，鼓励支持民营经济和民营企业发展壮大，提振市场预期和信心。要把构建亲清政商关系落到实处，积极发挥民营企业在稳就业、促增收中的重要作用。民营企业要践行新发展理念，自觉走高质量发展路子，在推进科技自立自强和科技成果转化中发挥更大作用。要激发民间资本投资活力，为构建新发展格局、推动高质量发展作出更大贡献。要依法规范和引导各类资本健康发展，有效防范化解系统性金融风险，为各类所有制企业创造公平竞争、竞相发展的环境。

习近平总书记强调，中国式现代化是全体人民共同富裕的现代化。无论是国有企业还是民营企业，都是促进共同富裕的重要力量，都必须担负促进共同富裕的社会责任。民营企业家要增强家国情怀，自觉践行以人民为中心的发展思想，增强先富带后富、促进共同富裕的责任感和使命感。民营企业要在企业内部积极构建和谐劳动关系，推动构建全体员工利益共同体，让企业发展成果更公平惠及全体员工。民营企业和民营企业家要筑牢依法合规经营底线，弘扬优秀企业家精神，做爱国敬业、守法经营、创业创新、回报社会的典范。要继承和弘扬中华民族传统美德，积极参与和兴办社会公益慈善事业，做到富而有责、富而有义、富而有爱。

在"三八"国际劳动妇女节即将来临之际，习近平总书记代表中共中央，向参加全国"两会"的女代表、女委员、女工作人员，向全国各族各界妇女，向香港特别行政区、澳门特别行政区和台湾地区的女同胞、海外女侨胞，致以节日的祝贺和美好的祝福。

习近平总书记的重要讲话在广大政协委员中

引起热烈反响，极大振奋起团结进取求发展、凝心聚力向未来的信心与决心。委员们一致认为，这些年来，在以习近平同志为核心的中共中央坚强领导下，我们大仗一个接一个，经过团结奋斗、顽强斗争闯过来了；未来一个时期，我们面临的风险挑战将会越来越多，民营企业和民营企业家作为自己人，要有担当意识、胸怀"国之大者"，增强信心、主动作为，实现民营经济健康发展、高质量发展，为全面建设社会主义现代化国家贡献力量。大家纷纷表示，习近平总书记的重要讲话高屋建瓴、思想深邃、正本清源、提气鼓劲，回应了社会重大关切和民营企业呼声期盼，再次给民营经济送来了"定心丸"，令人备受鼓舞、倍增信心。要认真学习重要讲话，深刻领会精神实质，把习近平总书记的关怀化作动力、期望变成行动，躬行不辍、履职尽责，当好有责任、有担当、有作为的政协委员。

（二）中共中央政治局常委李强、赵乐际、王沪宁、蔡奇、丁薛祥、李希分别看望出席政协会议的委员并参加讨论，同大家共商国是

3月6日上午，李强同志参加了经济界委员联组会。在认真听取委员发言后，李强说，过去五年我国经济社会发展取得举世瞩目的重大成就，是以习近平同志为核心的中共中央坚强领导的结果，是习近平新时代中国特色社会主义思想科学指引的结果，是全党全国各族人民团结奋斗的结果。我们要从中深刻领悟"两个确立"的决定性意义，更加坚定自觉做到"两个维护"。他强调，要以习近平新时代中国特色社会主义思想为指导，完整、准确、全面贯彻新发展理念，着力推动高质量发展。要科学精准实施宏观政策，综合施策扩大有效需求，大力推进改革创新，统筹做好风险防范处置，牢牢守住不发生系统性风险底线。

3 月 6 日上午，赵乐际同志参加了民革、台盟、台联界委员联组会。在认真听取委员们的发言后，赵乐际指出，过去五年的成就和新时代十年的伟大变革，充分彰显了"两个确立"的决定性意义，彰显了中国特色社会主义制度的显著优越性，彰显了在中国共产党领导下亿万人民团结一心、顽强奋斗的磅礴力量。党和国家事业发展取得的成就，凝聚着各民主党派和政协委员的心血和智慧。今后五年是全面建设社会主义现代化国家开局起步的关键时期，希望民革、台盟、台联增强同中国共产党想在一起、站在一起、干在一起的自觉性和坚定性。要贯彻新时代党解决台湾问题的总体方略，坚决反"独"促统，推进祖国统一大业。

3月6日上午，王沪宁同志参加了中共界委员联组会。在认真听取委员们的发言后，王沪宁表示，新时代十年的伟大变革，党和国家事业取得的一切成就，根本在于"两个确立"。中共界委员要深入学习贯彻习近平新时代中国特色社会主义思想和党的二十大精神，深刻领悟"两个确立"的决定性意义，增强"四个意识"、坚定"四个自信"、做到"两个维护"。8日上午，王沪宁参加了港澳地区全国政协委员联组会。在认真听取委员们的发言后，他表示，以习近平同志为核心的中共中央高度重视港澳发展，要发挥港澳委员"双重积极作用"，多做思想引领、凝聚共识工作，汇聚促进"一国两制"行稳致远的智慧和力量，创造港澳更加美好的明天。

3月6日上午，蔡奇同志参加了科协、科技界委员联组会。在认真听取委员们的发言后，蔡奇指出，过去五年党和国家事业取得举世瞩目的重大成就，最根本在于有习近平总书记掌舵领航，有习近平新时代中国特色社会主义思想科学指引。要更加深刻领悟"两个确立"的决定性意义，更好承担起建设科技强国的历史重任。坚持目标导向和自由探索两条腿走路，深化科技体制改革，加强基础研究和前沿领域攻关，促进科技成果转化，加快实现高水平科技自立自强。大力培养战略科学家、一流科技领军人才和创新团队，抓好青年科技人才队伍建设，弘扬科学家精神。发挥科协桥梁纽带作用，团结带动广大科技工作者作出更大贡献。

3月6日上午，丁薛祥同志参加了环境资源界委员联组会。在认真听取委员们的发言后，丁薛祥表示，在以习近平同志为核心的中共中央坚强领导下，党和国家事业取得举世瞩目的重大成就。这其中凝聚着广大政协委员的智慧和辛苦。实践证明，"两个确立"为党和国家事业稳定发展提供了根本保证。新时代新征程上，要进一步增强"四个意识"、坚定"四个自信"、做到"两个维护"，同心同德、步调一致向前进。我国生态文明建设发生历史性、转折性、全局性变化是新时代伟大变革中最亮丽的篇章之一。希望环境资源界委员发挥独特优势，深入调查研究，积极建言献策，当好桥梁纽带，为推动生态文明发展作出更大贡献。

3月6日上午，李希同志参加了民进、新闻出版界委员联组会。在认真听取委员们的发言后，李希说，中共十九大以来，以习近平同志为核心的中共中央团结带领全党全国各族人民，有效应对严峻复杂的国际形势和接踵而至的巨大风险挑战，推动党和国家事业取得举世瞩目的重大成就。成绩来之不易，其中也凝结着各民主党派和广大政协委员的智慧和心血。中国式现代化是一项前无古人的开创性事业，希望各位委员全面贯彻中共二十大精神，深刻领悟"两个确立"的决定性意义，始终同中国共产党同心同德、团结奋斗；多做凝心聚力工作，更好履职尽责、担当作为；继续关心支持纪检监察工作，加强监督、多提建议。

（三）习近平总书记重要讲话和共商国是活动在政协委员和社会各界中引起热烈反响，进一步激发了委员们为国履职、为民尽责的深厚情怀和担当精神，对政协协商民主建设具有重要引领推动作用

委员们一致表示，中共中央的大政方针、习近平总书记的关心关怀，是我们的定力和底气所在，也是我们的决心和信心所在。全体委员高度评价中

共十八大以来党和国家事业发展取得的历史性成就、发生的历史性变革，深刻领悟"两个确立"的决定性意义，对以中国式现代化全面推进中华民族伟大复兴光明前景充满必胜信心（专栏1）。

专栏1 《中国人民政治协商会议第十四届全国委员会第一次会议政治决议》有关内容

大会通过的《政治决议》指出：过去五年和新时代以来的十年，在党和国家发展进程中极不寻常、极不平凡。以习近平同志为核心的中共中央统筹中华民族伟大复兴战略全局和世界百年未有之大变局，全面贯彻党的基本理论、基本路线、基本方略，统揽伟大斗争、伟大工程、伟大事业、伟大梦想，以伟大的历史主动精神、巨大的政治勇气、强烈的责任担当，团结带领全党全国各族人民采取一系列战略性举措，推进一系列变革性实践，实现一系列突破性进展，取得一系列标志性成果，攻克了许多长期没有解决的难题，办成了许多事关长远的大事要事，经受住了来自政治、经济、意识形态、自然界等方面的风险挑战考验，完成脱贫攻坚、全面建成小康社会的历史任务，实现第一个百年奋斗目标，创造了新时代中国特色社会主义的伟大成就，推动我国迈上全面建设社会主义现代化国家新征程，实现中华民族伟大复兴进入了不可逆转的历史进程。新时代党和国家事业取得历史性成就、发生历史性变革，根本在于确立了习近平同志党中央的核心、全党的核心地位，确立了习近平新时代中国特色社会主义思想的指导地位。人民政协要深刻领悟"两个确立"的决定性意义，增强"四个意识"、坚定"四个自信"、做到"两个维护"，始终在思想上政治上行动上同以习近平同志为核心的中共中央保持高度一致。

全国政协十四届一次会议坚持以习近平新时代中国特色社会主义思想为指导，全面贯彻中共二十大精神，认真学习习近平总书记参加民建、工商联界委员联组会时的重要讲话精神，积极履职尽责，务实协商议政，取得了丰硕成果。会议选举产生了政协第十四届全国委员会主席、副主席、秘书长和常务委员。委员们列席第十四届全国人民代表大会第一次会议，听取并深入讨论政府工作报告、最高人民法院工作报告、最高人民检察院工作报告，讨论国务院机构改革方案及其他有关报告等，表示赞同并提出意见建议。认真审议全国政协常委会工作报告、政协章程修正案草案等文件，围绕党和国家中心工作深入协商议政、广泛凝聚共识。这是一次高举旗帜、民主团结、求实奋进、风清气正的大会，充分彰显了我国全过程人民民主的特色优势与生机活力。

在 8 场共商国是活动中，委员们发言开门见山、直奔主题、简洁紧凑、求真务实。在委员联组或小组讨论中，有坦诚建言、有互动交流，共商解决办法，气氛庄重热烈。党和国家领导同志积极回应委员关心的问题，高度重视委员提出的意见建议，要求相关部委认真研究，推动解决问题、改进工作。全国政协及其办公厅、各专门委员会和相关部委认真学习贯彻习近平总书记重要讲话精神，共同做好促进共商国是成果转化工作。有的成果转化为政协大会口头发言引起社会强烈共鸣，有的成果通过新闻媒体报道在更大范围传播了共识，有的以成果为基础进一步强化了建言咨政的针对性实效性，等等。通过协调联动，有关方面积极回应，推动共商国是成果以双向发力等方式，在服务决策优化和决策落实中发挥了积极作用、取得了良好成效。

三、聚焦党和国家中心任务
举行协商议政活动

2023 年，全国政协认真落实中共中央批准的年度协商计划，坚持围绕中心、服务大局，紧扣贯彻落实中共二十大精神发挥专门协商机构作用。政协全体会议闭会期间，重点协商议政会议和经常性协商活动有序进行，共计组织开展各类协商议政会议活动 94 场次。其中，专题议政性常委会会议 3 次、专题协商会 2 次、双周协商座谈会 14 次、远程协商会 3 次、专家协商会 21 次、联动协商 3 次、界别协商会 12 次、对口协商会 4 次、提案办理协商会 19 次、重点关切问题情况通报会 10 次。

（一）主要做法和特点

——**坚持政治站位，把牢协商议政的正确政治方向**。坚持把党的领导贯穿组织开展协商议政活动的全过程和各方面。年初起草《政协全国委员会2023 年协商计划》，报中共中央审批后组织实施。组织召开专题议政性常委会会议、专题协商会等重要协商议政活动，会前按程序向中共中央请示，会中邀请中共中央和国务院领导同志出席会议并作专题报告，会后及时向中共中央报告会议有关情况。坚持把学习阐释习近平总书记相关重要论述和中共中央重大决策部署贯穿于协商议政活动之中。每次协商议政活动，各专门委员会都围绕议题组织编写和学习习近平总书记相关重要论述和中共中央、国务院有关文件摘编，引导委员把握好大政方针和协商重点，提高建言资政精准度和思想引领有效性。

——坚持围绕中心、服务大局，有力有序有效组织开展协商议政活动。全国政协坚持把聚焦党和国家中心任务履职尽责作为协商议政的着力重点，围绕"五位一体"总体布局和"四个全面"战略布局，聚焦"国之大者"和民之关切，统筹推进各场次协商议政活动有条不紊进行。经济建设方面，经济委员会、外事委员会围绕"构建新发展格局，推进中国式现代化"、"推动中小企业高质量发展"、"推动共建'一带一路'高质量发展"等组织开展协商议政会议活动32场次；政治建设方面，社会和法制委员会、港澳台侨委员会、外事委员会等围绕"建立民营企业内部反腐机制"、"加强科学普及法治建设"、"进一步发展壮大台胞爱国统一力量"、"推动中欧关系健康稳定发展"等组织开展协商议政会议活动8场次；文化建设方面，文化文史和学习委员会、民族和宗教委员会等围绕"增强中华文明传播力影响力"、"加快数字博物馆建设，保护传承弘扬中华优秀传统文化"、"推动中华文明探源研究和成果转化传播"、"加强各民族交往交流交融历史阐释和宣传教育"等组织开展协商议政会议活动28场次；社会建设方面，农业和农村委员会、教科卫体委员会等围绕"统筹城乡融合发展，全面推进乡村振兴"、"建立生育支持政策体系"、"促进优质医疗资源扩容和区域均衡布局"等组织开展协商议政会议活动12场次；生态文明建设方面，提案委员会、人口资源环境委员会围绕"加强地理标志保护"、"加快建立新能源产业再生资源回收利用体系"、"推动建立生态产品价值实现机制"等组织开展协商议政会议活动11场次。

——坚持守正创新，不断提升协商议政活动质量成效。坚持调研于协商之前，组织引导委员深入基层、深入群众，通过多种方式开展调查研究。对涉及面广、影响因素复杂的重大问题，做好难点分解、矛盾剖析，持续开展跟踪调研，拓宽协商深度，增强协商实效。组织好会议发言和互动交流，改进重要协商议政会议活动发言遴选工作。各专门委员会注重发挥界别特色优势和委员专业特长，确保人员结构合理，具有广泛性、代表性、专业性。与参会部委做好会前沟通，增强协商的即时性、互动性、时效性，展现协商过程的浓厚民主氛围。

——坚持发挥委员主体作用，扩大委员参加协商议政会议活动的范围。提高委员协商建言主观能动性，会上注重同发言委员互动交流，深度了解有关情况，并就有关问题约请委员作跟踪研究，会后继续反映有关情况；将委员参加协商议政会议活动情况作为履职统计评价的重要内容，开展全国政协委员优秀履职奖评选活动，激发委员干事创业积极性。每次常委会会议邀请50余名委员列席，并召开列席委员座谈会，主席会议成员主持会议听取意见建议；双周协商座谈会除预约发言外，再邀请20名左右委员列席；远程协商会除预约发言委员外，再邀请10名左右委员在主会场列席；不少列席委员在协商会议活动上作即席发言。

（二）主要协商议政会议活动

——召开专题议政性常委会会议。2023年，全国政协按照年度协商计划，分别围绕"构建新发展格局，推进中国式现代化"、"完善科技创新体系，加快实施创新驱动发展战略"召开专题议政性常委会会议。同时为落实习近平总书记在全国生态环境保护大会上作出的"各级政协要加大生态文明建设专题协商和民主监督力度"重要指示，以"加强生态环境保护，推进美丽中国建设"为主题增开一次专题议政性常委会会议。

6月26日至27日，全国政协以"构建新发展格局，推进中国式现代化"为议题召开专题议政性常委会会议，进行协商建言。中共中央政治局常委、全国政协主席王沪宁出席会议，主持闭幕会并讲话。中共中央政治局委员、国务院副总理张国清应邀出席开幕会并作报告，现场听取政协常委们的意见建议。中共中央政治局委员、全国政协副主席石泰峰主持开幕会并讲话。中共中央、国务院有关部门负责同志应邀参加全体会议和专题分组讨论，听取意见建议并进行现场互动交流，介绍情况、宣传政策、回应问题。非常委的专门委员会副主任，副秘书长、机关党组成员，地方政协负责同志列席会议。这次会议是十四届全国政协召开的首场专题议政性常委会会议，充分体现了全国政协及委员们对推进中国式现代化的重视和关注。会议期间，常委们深入学习贯彻习近平新时代中国特色社会主义思想，学习领会习近平总书记有关重要论述，胸怀"两个大局"，心系"国之大者"，着眼"民之关切"，以强烈的政治责任感和历史使命感，深入协商讨论，积极建言资政，广泛凝聚共识，努力为构建新发展格局、推进中国式现代化贡献智慧力量。13 位常委在全体会议上作大会发言，提出意见建议。本次会议共收到全国政协常委和列席委员提交的大会发言 147 篇。为使常委会组成人员和其他参会人员充分交流发言、深入协商议政，设置了 5 个专题分组（图 1），共 183 人次在专题分组会上作了交流发言。"推动高质量发展"专题分组进行讨论时，在全国政协机关设主会场，在上海、湖南、四川三省市政协机关设分会场，开展联动协商。

8 月 22 日至 24 日，全国政协以"完善科技创新体系，加快实施创新驱动发展战略"为议题召开专题议政性常委会会议，进行协商建言。中共中央

"构建新发展格局，推进中国式现代化"

专题议政性常委会会议 5 个专题

- 推动高质量发展
- 建设现代化产业体系
- 全面推进城乡、区域协调发展
- 推进高水平对外开放
- 统筹发展与安全

图 1

政治局常委、全国政协主席王沪宁主持开幕会、闭幕会并讲话。中共中央政治局常委、国务院副总理丁薛祥应邀出席开幕会并作报告，现场听取政协常委们的意见建议。全国政协副主席兼秘书长王东峰等就有关议题作了说明和报告。中共中央、国务院有关部门负责同志应邀参加全体会议和专题分组讨论，听取意见建议并进行现场互动。非常委的专门委员会副主任，副秘书长、机关党组成员，地方政协负责同志列席会议。会议深入学习领会习近平总书记关于完善科技创新体系、加快实施创新驱动发展战略的重要论述，坚定创新自信，把思想和行动统一到以习近平同志为核心的中共中央有关决策部署上来，为实现高水平科技自立自强、建设科技强国广泛凝聚共识、汇聚智慧力量。与会人员聚焦助力打好打赢关键核心技术攻坚战、加强基础研究、深化科技体制改革、发挥企业创新主体作用、加快建设国家战略人才力量等，深化调研协商、积极建言献策，以高水平履职服务实施创新驱动发展战略。13位常委在全体会议上作大会发言，提出意见建议。会议期间，共收到全国政协常委和列席委员提交的大会发言184篇。设6个专题分组（图2），共195人次在专题分组会上交流发言。"健全

"完善科技创新体系，加快实施创新驱动发展战略"

专题议政性常委会会议6个专题

● 坚持"四个面向"系统布局科研攻关，加快实现高水平科技自立自强

● 全面深化科技体制改革，提升协同创新和创新体系整体效能

● 强化企业科技创新主体地位，发挥科技型骨干企业引领支撑作用

● 健全关键核心技术攻关新型举国体制，坚决打赢关键核心技术攻坚战

● 切实加强基础研究，夯实科技自立自强根基

● 深入实施人才强国战略，形成规模宏大、结构合理、素质优良的科技人才队伍

图2

关键核心技术攻关新型举国体制，坚决打赢关键核心技术攻坚战"专题分组进行讨论时，在全国政协机关设主会场，在北京、湖北、重庆等省市政协机关设分会场，开展联动协商。

10月31日至11月2日，全国政协以"加强生态环境保护，推进美丽中国建设"为议题召开专题议政性常委会会议，进行协商建言。中共中央政治局常委、全国政协主席王沪宁出席会议，主持闭幕会并讲话。中共中央政治局委员、国务院副总理何立峰应邀出席开幕会并作报告，现场听取政协常委们的意见建议。中共中央政治局委员、全国政协副主席石泰峰主持开幕会并讲话。中共中央、国务院有关部门负责同志应邀参加全体会议和专题分组讨论，听取意见建议并进行现场互动。非常委的专门委员会副主任，副秘书长、机关党组成员，地方政协负责同志列席会议。这次会议是全国政协为深入学习贯彻习近平生态文明思想、贯彻落实习近平总书记在2023年7月召开的全国生态环境保护大会上发表的重要讲话精神而召开的一次专题议政性常委会会议。会议深入学习贯彻习近平生态文明思想和全国生态环境保护大会精神，紧紧围绕加强生态环境保护、推进美丽中国建设深入协商议政、积极建言献策，努力为推动生态文明建设迈上新台阶、加快推进人与自然和谐共生的现代化贡献政协智慧和力量。13 位常委在全体会议上作大会发言，提出意见建议。会议共收到全国政协常委和列席委员提交的大会发言 189 篇。设置了 5 个专题分组（图 3），共 192 人次在专题分组会上作了交流发言。"扎实推进山水林田湖草沙系统治理，着力提升生态系统多样性、稳定性、持续性"专题分组进行讨论时，在全国政协机关设主会场，在河北、

"加强生态环境保护，推进美丽中国建设"

专题议政性常委会会议 5 个专题

- 深入学习贯彻习近平生态文明思想，积极服务建设美丽中国
- 深入打好污染防治攻坚战，推进新污染物治理，持续改善生态环境质量
- 加快推动发展方式绿色低碳转型和能源革命，加快形成绿色生产方式和生活方式
- 扎实推进山水林田湖草沙系统治理，着力提升生态系统多样性、稳定性、持续性
- 积极稳妥推进碳达峰碳中和，在发展中降碳、在降碳中实现更高质量发展

图 3

青海、福建、云南四省政协设分会场，继续开展联动协商。

　　——召开专题协商会。按照全国政协年度协商计划执行。2023 年，围绕"增强中华文明传播力影响力"、"统筹城乡融合发展，全面推进乡村振兴"，全国政协共召开两次专题协商会。

　　5 月 16 日，全国政协召开"增强中华文明传播力影响力"专题协商会，中共中央政治局常委、全国政协主席王沪宁出席会议并讲话。100 余位全国政协委员参加会议，20 位委员和专家作了发言。大家表示，中国的悠久历史文化和新时代发展越来越受到世界关注，要坚定文化自信，广泛宣介习近平新时代中国特色社会主义思想，引导国际社会形成正确的中共观、中国观。要提炼展示中华文明的精神标识和文化精髓，加快构建中国话语和中国叙事体系，深化文明交流互鉴。要创新表达方式和传播手段，展示中华文明成果和当代中国人精彩生活。中共中央政治局委员、中宣部部长李书磊出席会议并讲话。中共中央政治局委员、全国政协副主席石泰峰主持上午的会议。中共中央、国务院有关部门和单位负责同志到会听取意见建议，同委员协商交流。

7月12日，全国政协召开"统筹城乡融合发展，全面推进乡村振兴"专题协商会。中共中央政治局常委、全国政协主席王沪宁出席会议并讲话。100余位全国政协委员参加会议，全国政协农业和农村委员会介绍专题调研情况，25位委员和专家作了发言。大家表示，全面推进乡村振兴，要深入学习运用"千万工程"经验，着力推动城乡融合发展；要积极发展优势特色产业，推进现代化农业经营体系建设，鼓励引导支持企业参与乡村振兴；要健全乡村人才育、引、用机制，筑牢乡村振兴人才之基；要努力提升农村基础设施建设和公共服务水平，推动数字乡村建设，提升人民群众获得感、幸福感、安全感。中共中央政治局委员、国务院副总理刘国中出席会议并讲话。中共中央政治局委员、全国政协副主席石泰峰主持上午的会议。中共中央、国务院有关部门和单位负责同志到会听取意见建议，同政协委员协商交流。

——举办双周协商座谈会。 2023年，全国政协围绕经济社会发展的重要问题和涉及群众切身利益的民生问题，共召开14次双周协商座谈会（表1）。

2023 年双周协商座谈会概况

序号	议　题	承办单位
1	构建新发展格局，推进中国式现代化	经济委员会
2	加强中小企业数字化转型	民革中央 经济委员会
3	加强高标准农田建设，保障国家粮食安全	民建中央 农业和农村委员会
4	加强各民族交往交流交融历史阐释 和宣传教育	民族和宗教委员会
5	加强科学普及法治教育	九三学社中央 社会和法制委员会
6	建立生育支持政策体系	民盟中央 人口资源环境委员会
7	加快社会适老化改造	社会和法制委员会
8	加强地理标志保护	提案委员会
9	促进港澳青年更好融入国家发展大局	港澳台侨委员会
10	中小学教研体系建设	民进中央 教科卫体委员会
11	创新拓展城乡公共文化空间	文化文史和学习委员会
12	加快建立新能源产业再生资源 回收利用体系	人口资源环境委员会
13	促进房地产市场平稳健康发展	全国工商联 经济委员会
14	高水平共建西部陆海新通道	致公党中央 外事委员会

表 1

　　十四届全国政协双周协商座谈会由全国政协主席王沪宁主持，每次会议请一位全国政协副主席作主题发言，参会委员以民主党派和无党派人士为主。全国政协副主席石泰峰、胡春华、沈跃跃、王勇、周强、何厚铧、梁振英、巴特尔、苏辉、邵鸿、高云龙、陈武、穆虹、咸辉、王东峰、姜信治、蒋作君、何报翔、王光谦、秦博勇、朱永新、杨震等分别参加有关会议。共有 150 余位全国政协委员和专家学者参加会议并发言，有关部委负责同志 60 余人次参与互动交流，905 位委员在全国政协委员履职平台上发表意见。主要意见建议以政协信息等形式报送中央有关领导同志和相关部门参考。

　　3 月 31 日，围绕"构建新发展格局，推进中国式现代化"在京召开十四届全国政协第一次双周协商座谈会。会议强调，要深入学习贯彻习近平总书记关于构建新发展格局、推进中国式现代化的重要论述，牢牢把握协商议政的根本遵循和着力重点，以高质量协商议政活动助推中共中央决策部署落实。与会委员围绕积极扩大有效投资、加强经济政策系统集成、优化民营企业发展环境、加快农民工市民化进程、提升产业链供应链韧性和安全水平、推进高水平对外开放等发表意见建议，国家发展改革委负责同志介绍有关情况，工信部、财政部、商务部负责同志参与协商交流。

4月14日，围绕"加强中小企业数字化转型"在京召开十四届全国政协第二次双周协商座谈会。会议强调，中共十八大以来，习近平总书记高度重视中小企业发展、数字经济发展，摆在治国理政的突出位置进行部署和推进。要提高政治站位，深入学习领会习近平总书记关于中小企业发展、数字经济发展的重要论述，做到建言建在需要时、议政议到点子上。与会委员围绕加强中小企业数字化转型的顶层设计、建设全国性中小企业数字化转型公共服务平台、完善符合中国国情的中小企业云服务生态、加强企业数字资源开发管理、发挥政策协同引导和龙头企业作用、构建多层次人才教育培养体系等发表意见建议，工信部负责同志介绍有关情况，中央网信办、国家发展改革委负责同志参与协商交流。

4月27日，围绕"加强高标准农田建设，保障国家粮食安全"在京召开十四届全国政协第三次双周协商座谈会。会议强调，中共十八大以来，习近平总书记高度重视国家粮食安全，始终把解决好十几亿人口的吃饭问题作为治国理政的头等大事部署和推进。要提高政治站位，把思想和行动统一到习近平总书记关于粮食安全的重要指示精神和中共中央决策部署上来，增强保障国家粮食安全的责任感和使命感。与会委员围绕精准衔接国土"三调"和"三区三线"划定、统筹推进"建、管、用"、重视和加强水利建设、提升气象保障服务能力、强化科技支撑、拓宽投融资渠道等发表意见建议，农业农村部负责同志介绍有关情况，国家发展改革委、财政部、水利部负责同志参与协商交流。

5月26日，围绕"加强各民族交往交流交融历史阐释和宣传教育"在京召开十四届全国政协第四次双周协商座谈会。会议强调，要深刻认识新时代民族团结进步事业取得的历史性成就，深入学习贯彻习近平总书记关于加强和改进民族工作的重要思想，深刻把握铸牢中华民族共同体意识的丰富内涵、精神实质、实践要求，坚定不移走中国特色解决民族问题的正确道路，切实增强履职责任感和使命感。与会委员围绕坚持正确的中华民族历史观、利用考古成果揭示各族人民交往交流交融汇聚成中华民族共同体的内在机制和历史脉络、丰富铸牢中华民族共同体意识教育教学资源等发表意见建议，国家民委负责同志介绍有关情况，中央宣传部、中央统战部、教育部负责同志参与协商交流。

6月9日，围绕"加强科学普及法治教育"在京召开十四届全国政协第五次双周协商座谈会。会议强调，要把思想和行动统一到以习近平同志为核心的中共中央关于科技创新的决策部署上来，深入学习领会习近平总书记关于科学普及的重要论述，聚焦"四个面向"，以扎实有效的履职实践推动科普工作高质量发展，为实现高水平科技自立自强、建设科技强国贡献智慧和力量。与会委员围绕完善科学普及法律法规、加强东部地区与中西部地区、城乡之间科普资源统筹、把青少年作为科普教育的重点、推动更多科研人员参与到科普事业中、加强对网络科普信息的监督管理等发表意见建议，科技部负责同志介绍有关情况，中央网信办、教育部、中国科协负责同志参与协商交流。

6月25日，围绕"建立生育支持政策体系"在京召开十四届全国政协第六次双周协商座谈会。

会议强调，习近平总书记高度重视人口问题，作出一系列促进人口长期均衡发展的重大决策部署。要提高政治站位，深入学习领会习近平总书记关于人口工作的重要论述，把思想和行动统一到以习近平同志为核心的中共中央关于人口工作的重大决策部署上来，增强做好新时代人口工作的责任感和使命感，以人口高质量发展支撑中国式现代化作为议政建言的方向和重点，切实提高履职实效。与会委员围绕科学制定人口高质量发展中长期规划、促进女性公平就业和职业发展、提高出生人口素质、宣传健康的婚育文化、构建生育友好、育儿友好、教育友好型社会等发表意见建议，国家卫生健康委负责同志介绍有关情况，国家发展改革委、教育部、财政部负责同志参与协商交流。

7月7日，围绕"加快社会适老化改造"在京召开十四届全国政协第七次双周协商座谈会。会议强调，新时代我国老龄事业全面推进、成效显著，要把思想和行动统一到以习近平同志为核心的中共中央关于做好老龄工作的决策部署上来，把习近平总书记关于做好老龄工作的重要论述学习好、领会透，准确把握协商建言的方向和重点，增强履职使命感和责任感，为深入实施积极应对人口老龄化国家战略、推动老龄事业高质量发展作出贡献。与会委员围绕提高做好新时代老龄工作的认识、推动适老化改造产业发展、完善居家、社区养老照护与医疗保障、加快互联网技术与养老服务深度融合等发表意见建议，民政部负责同志介绍有关情况，住房和城乡建设部、交通运输部、国家市场监督管理总局负责同志参与协商交流。

7月21日，围绕"加强地理标志保护"在京召开十四届全国政协第八次双周协商座谈会。会议强调，要深刻认识新时代我国知识产权事业取得的历史性成就和地理标志工作取得的显著成绩，把思想和行动统一到以习近平同志为核心的中共中央关于知识产权强国建设和地理标志工作的决策部署上来，深入学习领会习近平总书记关于知识产权保护的重要论述、关于地理标志工作的重要指示，坚定不移走中国特色知识产权发展之路，为推进知识产权强国建设和地理标志工作贡献智慧力量。与会委员围绕加快地理标志立法、加强地理标志品牌建设和保护、加强地理标志认证的国际保护和国际合作等发表意见建议，国家知识产权局负责同志介绍有关情况，农业农村部、商务部、市场监管总局负责同志参与协商交流。

8月25日，围绕"促进港澳青年更好融入国家发展大局"在京召开十四届全国政协第九次双周协商座谈会。会议强调，中共十八大以来，以习近平同志为核心的中共中央高度重视港澳工作，习近平总书记对"一国两制"和港澳工作提出一系列原创性的新理念新思想新战略，标志着中国共产党对"一国两制"实践规律的认识和把握达到新高度，要深入学习领会习近平总书记关于港澳工作的重要论述，增强建言献策的针对性和思想引领的实效性，发挥人民政协优势助力港澳青年更好融入国家发展大局。与会委员围绕强化规划引导和统筹协调、立足港澳青年需求组织开展与内地交流交往、发挥粤港澳大湾区带动作用、发挥社团积极作用、壮大爱国爱港爱澳力量等发表意见建议，中央港澳工作办公室负责同志介绍有关情况，教育部、人力资源社会保障部、共青团中央负责同志参与协商交流。

9月22日，围绕"中小学教研体系建设"在京召开十四届全国政协第十次双周协商座谈会。会议强调，中共十八大以来，以习近平同志为核心的中共中央坚持把教育作为国之大计、党之大计，作出加快教育现代化、建设教育强国的重大决策，推动新时代教育事业取得历史性成就、发生格局性变化。要深入学习领会习近平总书记关于教育的重要论述，围绕推动教育高质量发展、建设教育强国，做深做细议政建言、思想引领、凝聚人心工作。与会委员认为，中小学教研制度是中国教育体系的特色、优势和重要支撑，围绕明确教研工作职能定位、完善五级教研工作体系、抓好教研自身改革、加强教研队伍建设、推动教研资源共享和教研工作创新等发表意见建议，教育部负责同志介绍有关情况，中央编办、人力资源和社会保障部负责同志参与协商交流。

10月20日，围绕"创新拓展城乡公共文化空间"在京召开十四届全国政协第十一次双周协商座谈会。会议强调，中共十八大以来，习近平总书记高度重视文化建设，着眼于实现中华民族伟大复兴，围绕推进文化自信自强、铸就社会主义文化新辉煌、建设中华民族现代文明作出一系列重大部署，领导推动新时代文化建设取得历史性成就、社会主义文化强国建设迈出坚实步伐。要学深悟透习近平文化思想，推动广大委员和政协干部深刻把握习近平文化思想的重要意义、丰富内涵、实践要求，更好坚定文化自信，担负起新的文化使命。与会委员围绕加强城乡公共文化空间顶层设计和制度保障、健全政策措施和标准体系、推进公共文化数据开发共享、加强财政保障和专业队伍建设、完善城乡公共文化服务网络等发表意见建议，文化和旅游部负责同志介绍有关情况，并同住房和城乡建设部、农业农村部负责同志一起与委员协商交流。

11月10日，围绕"加快建立新能源产业再生资源回收利用体系"在京召开十四届全国政协第十二次双周协商座谈会。会议强调，中共十八大以来，在以习近平同志为核心的中共中央坚强领导下，始终坚持创新、协调、绿色、开放、共享的新发展理念，坚定不移走生态优先、绿色低碳发展之路，把促进新能源和清洁能源发展放在更加突出的位置，加快规划建设新型能源体系，推动新能源产业跨越式发展、取得显著成就。要深入学习领会习近平生态文明思想，准确理解把握习近平总书记关于推动绿色低碳循环发展的重要指示要求，把准议政建言的方向和重点，更好为建设能源强国献计出力。与会委员围绕建立健全新能源产业再生资源回收利用政策法规体系、加快推动建立覆盖关键环节的国家及行业标准体系、强化科技规划引领作用、压实企业环保主体责任等发表意见建议，工业和信息化部负责同志介绍有关情况，并同生态环境部、商务部、国家能源局负责同志一起与委员协商交流。

11月24日，围绕"促进房地产市场平稳健康发展"在京召开十四届全国政协第十三次双周协商座谈会。与会委员围绕推动建立房地产业发展新模式、落实房地产长效管理机制、金融支持房地产市场平稳健康发展、满足新市民住房需求、加快建立租购并举的住房制度、推进保障性住房建设等发表意见建议，住房城乡建设部负责同志介绍有关情况，并同国家发展改革委、财政部、金融监管总局负责同志一起与委员协商交流。

12月7日，围绕"高水平共建西部陆海新通道"在京召开十四届全国政协第十四次双周协商座谈会。会议强调，加快建设西部陆海新通道，是中共二十大提出的重大任务，是推进高水平对外开放的重要举措。要深入学习贯彻习近平总书记关于对外开放的重要论述，增强建言资政的针对性和实效性，更好助力加快建设西部陆海新通道、推进我国高水平对外开放。与会委员围绕完善西部陆海新通道协调机制建设、加强智慧联运通道建设、加大沿线口岸基础设施投入、推动西部陆海新通道与国家区域重大战略融合对接、依托西部陆海新通道提升与周边国家互联互通水平等发表意见建议，国家发展改革委负责同志介绍有关情况，并同交通运输部、商务部、海关总署负责同志一起与委员协商交流。

　　——举办远程协商会。2023 年，全国政协继续借助网络信息技术手段，发挥网络议政、远程协商优势，不断丰富协商议题、扩大协商范围、增强协商实效，更好服务党和国家中心工作，把人民政协制度优势转化为国家治理效能。

　　远程协商会通过现场发言和场外连线、面对面交流和在线互动相结合方式开展协商，会议主会场设在全国政协机关，在有关省区市政协设立分会场。全年共召开 3 次远程协商会（图 4）。

　　5 月 12 日，围绕"促进优质医疗资源扩容和

远 程 协 商

● **促进优质医疗资源扩容和区域均衡布局**

11位委员和特邀代表通过现场和网络视频连线发言，90余位委员在委员履职平台发表意见。

● **推动建立生态产品价值实现机制**

11位委员和特邀代表通过现场和网络视频连线发言，30余位委员在委员履职平台发表意见。

● **加强两岸产业合作，打造两岸共同市场**

11位委员和特邀代表通过现场和网络视频连线发言，100余位委员在委员履职平台发表意见。

图 4

区域均衡布局"在京召开十四届全国政协远程协商会。会议强调，要从新时代卫生健康事业发展取得的历史性成就中，从疫情防控取得的重大决定性胜利中，深刻领悟"两个确立"的决定性意义，增强"四个意识"、坚定"四个自信"、做到"两个维护"，把思想和行动统一到以习近平同志为核心的中共中央关于卫生与健康工作的决策部署上来，以高度责任感和使命感推进健康中国建设。与会委员围绕准确把握国家医学中心和国家区域医疗中心的建设定位和发展目标、构建"金字塔"型医学人才培养和使用结构、发挥医保的杠杆作用、提升基层中医药服务能力等发表意见建议，国家卫生健康委负责同志介绍有关情况，国家发展改革委、国家医疗保障局、国家中医药管理局负责同志参与协商交流。

9月8日，围绕"推动建立生态产品价值实现机制"在京召开十四届全国政协远程协商会。会议强调，中共十八大以来，在以习近平同志为核心的中共中央坚强领导下，在习近平生态文明思想科学指引下，我国生态文明建设发生了历史性、转折性、全局性变化，美丽中国建设迈出重大步伐，成为新时代党和国家事业取得历史性成就、发生历史性变革的显著标志。与会委员围绕加快生态产品价值实现机制与主体功能区、自然保护区、生态保护红线等重要制度设计的统筹衔接，完善生态产品总值核算规则和方法，建立生态产品保护、利用、流通、价值转化与交易政策保障体系，强化优质生态产品供给等发表意见建议，国家发展改革委负责同志介绍有关情况，自然资源部、生态环境部、国家林草局负责同志参与协商交流。

　　12月25日，围绕"加强两岸产业合作，打造两岸共同市场"在京召开十四届全国政协远程协商会。会议强调，中共十八大以来，以习近平同志为核心的中共中央高度重视对台工作，提出一系列重要理念和重大政策主张。要深入贯彻落实中共二十大部署和新时代党解决台湾问题的总体方略，聚焦加强两岸产业合作、打造两岸共同市场深入协商议政，更好促进两岸融合发展。与会委员围绕持续推动惠台政策落实落地、推动两岸规则标准互认互通、加强两岸产业合作、加强两岸人才交流合作等发表意见建议，中央台办负责同志介绍有关情况，国家发展改革委、商务部负责同志参与协商交流。

　　远程协商会由中共中央政治局常委、全国政协主席王沪宁主持。30余位委员和相关代表人士通过现场和网络视频连线发言，220余位委员在履职平台上发表意见建议，进一步丰富了委员特别是京外全国政协委员参与协商履职的途径和方式。中共中央、国务院有关部门负责同志参加会议，听取意见、回应关切。会议提出的重要意见建议以政协信息专报等形式报送。

　　——举办专家协商会。为进一步做好专家协商会相关工作，提高前瞻研究、深度协商、精准建言水平，更好发挥人民政协作为专门协商机构作用，推动协商成果转化为党政部门政策选项和工作举措、助力科学民主决策和经济社会发展，2023年5月17日，全国政协主席会议审议通过了修订后的《政协全国委员会专家协商会工作规则》和《政协全国委员会2023年组织召开专家协商会工作计划》。该工作计划明确要求，组织召开专家协商会要为实现中共二十大确定的目标任务和贯彻新发展理念、构建新发展格局、推动高质量发展的重要工作，聚焦关系经济社会持续健康发展的重大问题，进一步发挥专门协商机构作用。根据工作计划，全年共安排13个重点题目，每个专门委员会至少承办1个。其中，教科卫体委员会承办3个，民族和宗教委员会承办2个，其他8个专门委员会各承办1个。这些议题都是十四届全国政协新提出的，每个议题均通过反复多次深入协商，努力形成高质量建言成果。

　　全国政协主席会议成员积极参与专家协商会有关议题的调研、协商，切实加强工作指导。各专门委员会认真进行筹备组织，扎实开展相关工作。办公厅及时做好统筹协调和服务保障，加强督促落实。在全国政协领导同志重视和有关方面共同努力下，专家协商会更加规范有序、富有成效，协商建言质量不断提高。全年向中共中央、国务院领导同志和有关部门报送专家协商会信息类成果8期；形成专题报告、综合报告若干份，为助力相关问题科学民主决策提供了重要参考。

全国政协继续发挥通过网络开展协商议政活动的重要作用，进一步完善委员履职平台功能。全年在委员履职平台上共开设主题议政群30个，主席会议成员参与其中，委员们积极登录使用，有效拓展了委员参与面、增强了履职便利度。全年34个界别的820多名委员在履职平台上共发表意见建议近5000条、80余万字。

——**举办情况通报会**。十四届全国政协进一步健全完善重点关切问题情况通报会工作机制，制定《全国政协重点关切问题情况通报会工作办法》和筹备组织工作细则，对通报会的总体安排、选题要求、组织实施等作出规定，有力提升工作制度化规范化程序化水平。2023年，全国政协召开10场重点关切问题情况通报会（图 5），为帮助委员深化认识、增进共识和知情明政、建言资政搭建起有效平台，共邀请 19 个部委的 19 位相关负责同志到会通报情况并与委员互动交流，全国政协机关领导班子成员、专门委员会负责同志、部分全国政协委员、各民主党派中央和全国工商联有关负责同志等720 余人次参加。

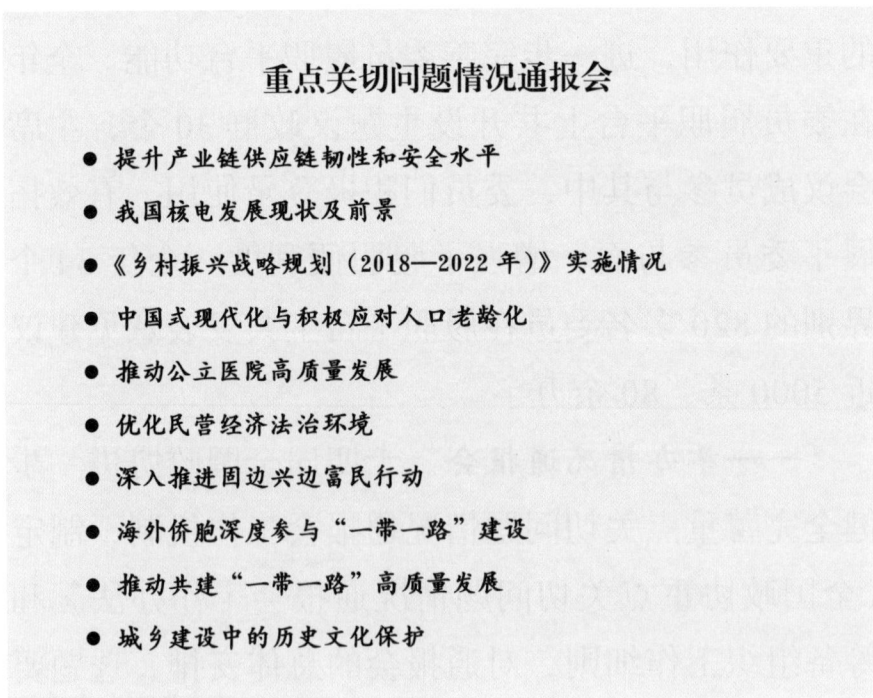

重点关切问题情况通报会

- 提升产业链供应链韧性和安全水平
- 我国核电发展现状及前景
- 《乡村振兴战略规划（2018—2022 年）》实施情况
- 中国式现代化与积极应对人口老龄化
- 推动公立医院高质量发展
- 优化民营经济法治环境
- 深入推进固边兴边富民行动
- 海外侨胞深度参与"一带一路"建设
- 推动共建"一带一路"高质量发展
- 城乡建设中的历史文化保护

图 5

四、拓展协商议政活动渠道和形式

2023 年，全国政协深入学习贯彻习近平总书记关于加强和改进人民政协工作的重要思想，不断深化认识、开阔思路、创新方法，通过多种渠道和形式，切实做好与协商民主相关的各项经常性工作。

（一）在强化提案办理协商中推动提案建言提质增效

十四届全国政协深入学习领会习近平总书记关于做好提案工作的重要指示批示精神，坚持质量导向、效果导向，进一步完善制度规范、加强宣传教育，引导委员树立提案"在精不在多"的科学理念。注重在提高提案质量、增强办理实效、强化督办协商上下功夫，努力提高提案精准度和含金量，在强化提案办理协商中推动提案质量、提案办理质量和服务质量不断提升，更好发挥提案在政协建言资政中的带动作用。全年共收到提案 5621件，立案 4791 件，内容涉及经济、政治、文化、社会、生态文明建设等各方面（图 6）。立案提案中，委员提案 4322 件，集体提案 469 件，其中各民主党派中央、全国工商联、无党派人士界别提案 356 件。

2023 年立案提案涉及内容分布情况

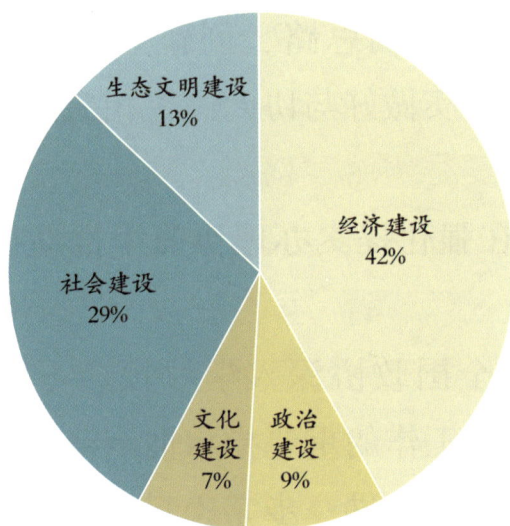

图 6

——**主席会议成员积极主动发挥作用**。2023 年，全国政协坚持和完善主席会议研究确定重点提案、主席会议成员牵头督办重点提案、主席会议听取年度重点提案督办情况汇报工作机制。3 月 27 日，主席会议研究通过全国政协十四届一次会议重点提案选题和督办方式，确定了 72 个重点提案选题。这些重点提案已在年内全部办复。其中，委员视察督办 1 个、调研督办 16 个、提案办理协商会督办 14 个、走访提案承办单位督办 5 个、《重要提案摘报》和专报督办 36 个。王沪宁主席和 21 位副主席分别牵头，通过召开重点提案办理协商会或视察、调研、走访提案承办单位等多种形式，对"加快农业核心种源研发"等 31 个重点提案选题进行督办（专栏 2）。

专栏 2　全国政协召开"加快农业核心种源研发"

重点提案办理协商会

2023 年 7 月 14 日，全国政协"加快农业核心种源研发"重点提案办理协商会在京召开。中共中央政治局常委、全国政协主席王沪宁主持会议并讲话。中共中央政治局委员、全国政协副主席石泰峰，全国政协副主席胡春华、沈跃跃、穆虹、王东峰、王光谦、杨震出席会议。

由王沪宁主席牵头督办，民盟中央、致公党中央和部分全国政协委员提出的关于加快农业核心种源研发的提案，是全国政协十四届一次会议 72 个重点提案选题之一。在本次协商会上，王沪宁主席表示，要深刻认识新时代农业、种业发展取得的一系列重大成就，深入学习贯彻习近平总书记关于发展农业科技、推进种业振兴的重要论述，切实把思想和行动统一到以习近平同志为核心的中共中央决策部署上来，坚定实现种业科技自立自强、种源自主可控的信心和决心。

提案委员代表万建民，提案党派代表民盟中央常委李成贵、致公党中央副主席闫傲霜介绍了提案背景、反映的问题和意见建议。李家洋、胡培松、曹晓风、刘旭、严建文、张合成、严建兵、李凡荣等8位委员和专家围绕育种基础与前沿、水稻良种联合攻关、畜禽种业发展、种质资源库建设、人工智能赋能种业创新技术提升、县乡政府农技推广、种业人才培养、培育壮大种业优势企业等问题发言。提案承办单位农业农村部、科技部、司法部、财政部负责同志介绍相关情况，并就委员发言、提案办理情况作出回应。

——**坚持围绕中心做好政协提案工作**。经济建设方面，围绕构建高水平社会主义市场经济体制、建设现代化产业体系、全面推进乡村振兴、推进高水平对外开放等提出提案。有关加快建设世界一流企业、优化国有资本布局和结构调整等提案建议，在国有企业深化改革提升行动方案中被采纳。优化民营企业营商环境、引导民营企业加强自身建设等提案建议，在促进民营经济发展壮大意见中得到体现。加快农业核心种源研发、加快生物育种创新发展等提案，推动相关部门深入开展优良品种推广应用和国家育种联合攻关，促进种业振兴行动落地见效。进一步恢复和扩大消费等提案建议，被吸纳到促进汽车和电子产品消费的若干措施中。政治建设方面，围绕全面发展协商民主、积极发展基层民主、巩固和发展最广泛的爱国统一战线、完善中国特色社会主义法律体系等提出提案。针对建立健全"深度协商"工作机制、完善人民政协民主监督制度机制等提案，全国政协在制定专题研究工作办法、加强和改进民主监督工作实施意见时予以采纳。加强农村基层组织建设、提升基层治理效能等提案，为有关部门制定开展主题教育相关文件提供了有益参考。加强宗教人才培养规划、加强宗教教职人员队伍管理等提案，在加强宗教工作"三支队伍"建设的意见等文件中得以体现。修改刑法、民事诉讼法和制定无障碍环境建设法、公益诉讼法等提案，为深入推进科学立法、民主立法、依法立法提供了重要参考。文化建设方面，围绕践行社会主义核心价值观、繁荣发展文化事业和文化产业、增强中华文明传播力影响力等提出提案。加强网络文明建设、做好网上舆情管控等提案，助力有关部门细化工作举措，营造清朗网络空间。构建京津冀文旅融合发展新格局、文旅产业赋能乡村振兴试点工作方案等政策文件。提升中华文化传播效能等提案，助力完善中华文化"走出去"工作协调机制，有关方面策划筹办文明传播项目近 800 项。社会建设方面，围绕完善分配制度、实施就业优先战略、健全社会保障体系、推进健康中国建设、实施科教兴国战略等提出提案。加大高校毕业生就业支持力度、强化新就业形态劳动协商机制等提案，有关部门积极采纳，健全完善劳动者权益保障机制。完善学生心理健康教育体系、规范配备中小学校心理教师等提案，推动有关部门制定《全面加强和改进新时代学生心理健康工作专项行动计划》。促进矛盾纠纷多元化解、防范和打击电信诈骗、严惩暴力违法犯罪等提案，有效助推平安中国建设。生态文明建设方面，围绕加快发展方式绿色转型、深入推进环境污染防治、推进碳达峰碳中和等提出提案。参考支持长江经济带绿色发展、加强黄河流域生态环境协作等提案建议，有关部门细化长江经济带发展2023年重点工作安排，编制沿黄省（区）工业园区水污染整治方案，出台29项具体工作举措。有关部门采纳开展草原普查等提案建议，专题研究启动全国森林草原普查工作。有关部门采纳统筹规划农村改厕、垃圾处理等提案建议，制定农村生活污水治理指导意见，促进农村人居环境质量提升。针对完善全国统一碳市场建设等提案建议，有关部门重启温室气体自愿减排交易市场，完善相关行业技术规范，严格落实"双控"目标。

——推动提案工作提质增效。注重源头发力，通过开展专题培训、征集和发布参考选题、召开重点关切问题情况通报会等，引导委员着眼发展所需、人民所急、专业所长精准选题，务实建言。全年近2000名委员提交提案，提案整体质量明显提升。加强与各民主党派中央、全国工商联的工作交流，做好集体提案统筹协调工作，党派团体、界别小组通过广泛协商、层层筛选，提出了许多既有鲜明界别特点，又切实可行的高质量提案。严把立案审查关，加强立案环节沟通协商，确保提案立得准、有共识、可落实。增强提案督办实效。通过开展视察、调研、提案办理协商会、走访承办单位、报送重要提案摘报或专报等方式，督办重点提案，增强督办实效。强化督办协商，将提案督办与各项协商议政活动有机融合，搭建提办双方常态化协商平台，扩大调研参与面，提升协商多样性，有效助推提案成果转化。各提案承办单位完善办理工作体系，建立工作台账，定期督促提醒，反馈办理情况，集中精力办好政协重点提案，以点带面提升整体办理水平。

——坚持守正创新完善提案工作制度机制。为进一步加强和改进提案工作，2023 年 4 月，提案委员会启动《提案工作条例》修订。修订工作坚持守正创新，在保持条例总体框架稳定的同时，将近年来行之有效的实践经验和做法以制度形式予以规范。比如，加强重点提案督办工作，在总结实践经验基础上，恢复以《重要提案摘报（专报）》形式督办重点提案；新增每年评选一次年度好提案的条款，发挥评选表彰激励引导作用；结合工作实际，对"重点提案由主席会议审定"等内容表述予以进一步规范。11 月 2 日，十四届全国政协第四次常委会会议审议通过修订后的《提案工作条例》，为推动提案工作高质量发展提供了制度保证、创造了更好条件。探索建立通过提案反映界别群众意见和建议的机制。完善提案工作制度机制，在督办调研中落实中共中央关于大兴调查研究的部署要求，加强和改进《重要提案摘报》选题和摘编工作，加强对地方政协提案工作的指导。稳步推进提案工作信息化建设，优化升级智能提案系统，实现提案100%网上提交和审查处理。

（二）加强和改进调研工作夯实政协协商基础

调查研究是人民政协协商履职的重要方式，也是人民政协建言献策的重要基础。十四届全国政协高度重视调查研究工作，把调查研究作为贯彻落实习近平总书记重要指示批示精神和中共中央决策部署、推动新一届全国政协实现良好开局的重要基础性工作来抓。贯彻落实习近平总书记关于调查研究的重要论述和中共中央办公厅印发的《关于在全党大兴调查研究的工作方案》，在继承和弘扬人民政协注重调查研究的优良传统基础上，与时俱进，守正创新，进一步加强和改进政协调研工作。

——**完善调研工作制度机制**。组织制定《关于进一步加强和改进调查研究工作的意见》。2023年5月17日全国政协主席会议审议通过，印发办公厅和各专门委员会贯彻执行。该意见要求，在调研组织实施上要强化组织领导、注重统筹协调，加强学习研究、制定具体方案，突出政协特色、灵活开展调研，深入研究讨论、提出真知灼见，严明工作纪律、确保调研实效；在调研成果运用上要注重成果质量，丰富建言形式，规范报送程序，促进成果转化，开展质量评价。同时，修订《全国政协办公厅视察考察调研相关组织协调工作办法（试行）》，从总体要求、选题内容、组织实施、成果运用、作风纪律等方面，全面规范调研工作各环节和全流程。创设《政协调研》内部刊物，刊发包括地方政协和政协委员自主调研报告在内的各类调研报告41期，拓宽调研成果交流互鉴渠道。建立调研成果汇报交流机制，定期总结调研工作开展情况，向主席会议和常委会会议报告；组织召开全国政协党组、机关党组专题会议，总结调研成果，研究改进举措。

——围绕中共二十大重大部署组织开展调查研究。组织开展主题教育调研。全国政协党组围绕"贯彻新发展理念、构建新发展格局、推动高质量发展中的重大问题"等组织开展 12 项调研。机关党组围绕"贯彻落实党中央决策部署和习近平总书记对政协工作重要指示批示精神的主要情况和重点问题"等组织开展 6 项调研。办公厅各室局、直属单位结合主题教育要求开展专题性和工作性调研 115 项，形成大兴调查研究工作氛围，助推机关工作全面提质增效。围绕全国政协年度协商计划组织开展专题调研。坚持把调研作为筹备重要协商议政活动的前置工作，以扎实的调研为全国政协高质量履职提供有力支撑，全年共围绕落实全国政协年度协商计划开展 56 项专题调研。围绕中共中央重大决策部署，开展跨专门委员会、跨界别的重大专项课题调研。由全国政协主要领导同志亲自点题，主席会议成员率队，先后开展有关"全面推动长江经济带发展"、"推进新污染物治理"、"推进新型城镇化建设"等 3 个主题的深度研究，提出有价值的对策措施。全国政协主席会议成员和专门委员会负责同志开展 37 项自主调研，不断深化对有关重大专项问题的研究。

——加强对调研工作的统筹协调。全国政协调研任务重、种类多、数量大、规格高，需要加强通盘谋划、统筹协调，形成调研有计划、工作有方案、实施有组织、办理有反馈、结果有报告的调研工作格局。制定年度调研计划。办公厅根据有关规定，围绕中心大局，结合政协工作实际，在广泛征求主席会议成员、专门委员会、政协委员和各党派团体等意见建议基础上，研究提出年度调研初步安排，与视察考察活动一并按程序分别提请秘书长办公会议、秘书长会议审议和主席会议审定，形成全国政协年度视察考察调研计划，实现全国政协年度重点协商议政活动议题全覆盖。加强日常调研统筹。通过"年计划、季统筹、月安排、周调度、日报告"工作协调机制，超前统筹安排各项调研工作，及时协调解决调研过程中的困难和问题，全年共服务保障主席会议成员65人次开展调研。坚持"一调研一方案"的做法，加强对调研实施方案的审核把关。落实中央有关文件规定，严格控制调研总数，压减团组规模，统筹协调调研内容、时间、地点，避免扎堆调研、多头调研、重复调研，明确一项调研原则上在1个省份开展，尽量减少前往省会城市，切实减轻基层负担。继续实行委员自主调研，以党组成员自主调研带动委员自主调研深入开展，全年共有 63 名委员提交自主调研成果 62 篇。加强调研成果报送统筹协调工作，完善查重机制，精简报送中办、国办的报告数量，落实每个单位全年一般不超过 3 篇的要求，全年共精选报送 30 篇，有效提升调研成果报送质量。

——提升调研工作质量水平。坚持精益求精、追求极致，不断创新方式方法，加强全过程协商沟通，推进调研成果转化，推动调研工作高质量发展。各调研组根据实际情况和课题需要，灵活采取分组调研、蹲点调研、跟踪调研、联合调研、委托调研、自主调研等方式，注重多种调研形式并举，积极借助互联网、大数据等现代信息技术，深入实际、了解实情、注重实效，力求既摸清综合情况又挖掘典型案例，既听取干部意见又倾听群众心声，既了解成绩经验又发现问题不足，尽可能把相关情况摸清吃透、把对策建议说准提实，形成了一些创新经验和做法。有的调研组在调研过程中派出小分队，不发通知、不打招呼，直接深入社区和乡村，到居民和农户家中听真话、察实情，确保调研了解的情况和反映的意见真实可靠。有的调研组持续聚焦同一主题开展调研，如有关"建立长期护理保险制度"调研已连续 4 年接续开展，每年对调研情况进行"回头看"，跟踪推动问题解决和工作落实。有的调研组探索"一次调研多个题目、一次兼顾多项任务"的综合调研模式，调研期间同步开展专题调研与主题教育调研。有的调研组在调研期间关注群众急难愁盼问题，了解到当地农户在医疗报销方面的特殊困难和相关政策落实不到位的问题后，积极与当地党委和政府沟通情况，推动有关问题迅速得到解决，在当地群众心目中留下"人民政协为人民"、"人民政协办实事"的良好形象。有的调研注重形成合力，邀请有关部委、党派团体、智库机构等协同调研，邀请专家学者、当地委员随同调研，委托地方政协同步开展调研，广泛汇聚智慧和力量。

（三）以委员视察考察助力协商资政和凝聚共识

2023 年，按照全国政协主席会议要求和《全国政协 2023 年视察考察调研安排》，全年共组织 14 个视察团、3 个考察团。14 位全国政协主席会议成员分别率团开展视察考察，参加委员共计 202

人次。其中，组织开展党外委员专题视察 11 次，参加委员 122 人次（图 7）。

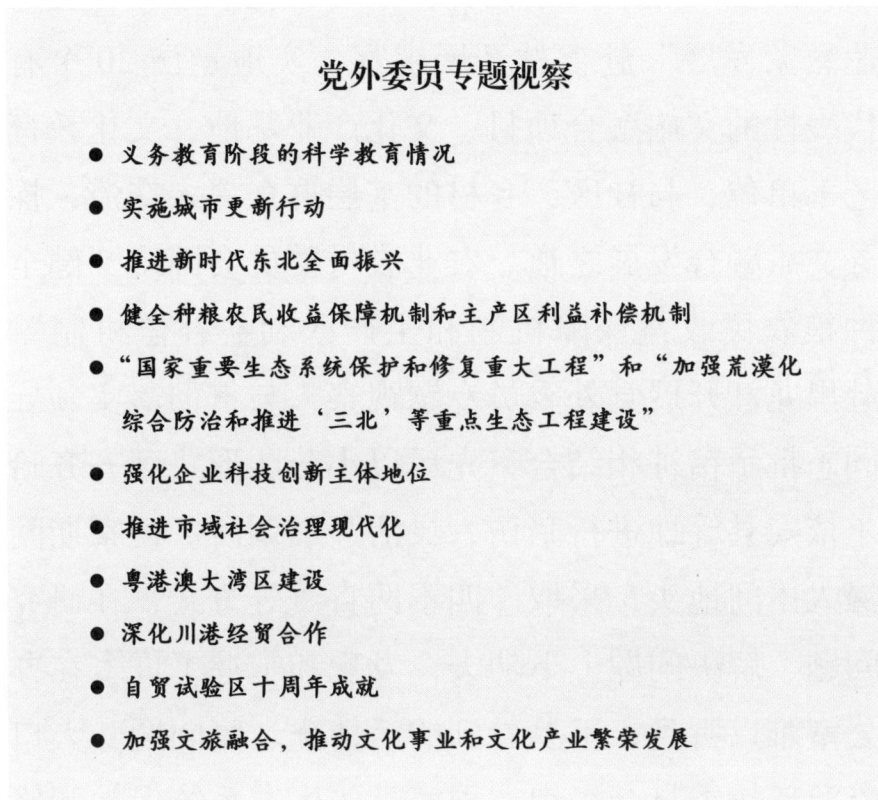

党外委员专题视察

- 义务教育阶段的科学教育情况
- 实施城市更新行动
- 推进新时代东北全面振兴
- 健全种粮农民收益保障机制和主产区利益补偿机制
- "国家重要生态系统保护和修复重大工程"和"加强荒漠化综合防治和推进'三北'等重点生态工程建设"
- 强化企业科技创新主体地位
- 推进市域社会治理现代化
- 粤港澳大湾区建设
- 深化川港经贸合作
- 自贸试验区十周年成就
- 加强文旅融合，推动文化事业和文化产业繁荣发展

图 7

——深入研究增强视察考察实效。沈跃跃副主席率领的"保护国家公园生态系统多样性稳定性持续性"委员视察团，行前专门走访国家林草局，深入了解相关情况，坚持问题导向、需求导向、目标导向、结果导向相结合，聚力视察深度和实效，为

形成高质量报告、推动具体工作奠定基础。邵鸿副主席率文化文史和学习委员会党外委员专题视察团，围绕"加强文旅融合，推动文化事业和文化产业繁荣发展"赴吉林开展视察，实地走访20个有代表性的文旅融合项目、文化产业基地、文化教育艺术单位，与社区、乡村的基层群众深入交流，探寻文旅融合发展之道。农业农村委员会围绕"健全种粮农民收益保障机制和主产区利益补偿机制"，赴黑龙江开展党外委员专题视察，与贯彻落实领导同志批示精神相结合，先后以小分队形式到齐齐哈尔依安县等地进行暗访，灵活开展调研。视察期间深入田间地头，采取"四不两直"等方式，在研究问题、解决问题上下功夫，发现和掌握了许多在办公室难以听到、不易看到的活情况、真问题。人口资源环境委员会组织"国家重要生态系统保护和修复重大工程"党外委员专题视察团，赴新疆维吾尔自治区重点围绕"加强荒漠化综合防治和推进'三北'等重点生态工程建设"开展实地视察，召开基层干部座谈会，就持续做好防沙治沙和生态保护修复工作、开展生态领域关键技术研究和标准体系攻关等提出有针对性的意见建议。

——**建言资政和凝聚共识双向发力**。王勇副主席率经济委员会党外委员专题视察团赴黑龙江开展"推进新时代东北全面振兴"视察，形成3篇《政协信息》。巴特尔副主席率民族和宗教委员会"粤港澳大湾区建设"党外委员专题视察团赴广东视察过程中，向社区群众宣讲党的民族宗教政策，委员们切身感受到大湾区建设成就，增进了"五个认同"。秦博勇副主席率"乡村振兴中的文化建设情况"无党派人士界别考察团赴新疆维吾尔自治区考察过程中，深入村镇、小学，面向界别群众广泛传播正能量，持续深化"文化润疆"思想共识，助力发挥文化振兴对乡村振兴的赋能作用。外事委员会组织"自贸试验区十周年成就"党外委员专题视察团赴上海市视察，委员们深刻感受到自贸试验区十年所取得的巨大成就，并围绕自贸试验区发展提出建议，为做好相关工作提供有益参考。

——**助推党和国家重大决策部署落实落地**。胡春华副主席率委员视察团围绕"推动中小学中华优秀传统文化教育"赴新疆维吾尔自治区视察，委员们认真听、仔细看，全面深入思考，从深化思想认识、注重发挥铸魂育人作用、强化师资队伍建设、完善协同机制等方面贡献了一条条针对性十足的建议。为深入贯彻中共二十大精神，促进香港、澳门更好融入国家发展大局，何厚铧副主席率"深化粤澳合作"澳门特别行政区全国政协委员考察团，梁振英副主席分别率"深化闽港合作"香港特别行政区全国政协委员考察团、"深化川港经贸合作，共同参与'一带一路'建设"港澳台侨委员会党外委员专题视察团，赴广东、福建、四川实地视察和深入交流，委员们进一步坚定了以中国式现代化实现中华民族伟大复兴和推进"一国两制"实践行稳致远的信心。

——坚持履职服务为民增进民生福祉。苏辉副主席率无党派人士界别党外委员专题视察团围绕"义务教育阶段的科学教育情况"赴重庆市视察，推动用科学教育的"加法"助力教育"双减"政策落地，在青少年群体中培育热爱科学、崇尚科学的社会风尚。何报翔副主席率社会和法制委员会党外委员专题视察团，围绕"推进市域社会治理现代化"赴新疆维吾尔自治区视察，切实推动解决广大百姓关心关切的利益问题，不断提高人民群众获得感、幸福感、安全感。杨震副主席率提案委员会党外委员专题视察团，围绕"实施城市更新行动"赴江西视察，从城市历史街区保护和传承、推进老旧小区改造、以县城为重要载体的城镇化建设、实施城市生态修复工程四个小切口入手，为创造高品质美好生活空间的民生工程贡献政协力量，真正践行以人民为中心的发展思想。在视察考察过程中，委员们坚持履职服务为民，力所能及为当地群众办实事，得到基层干部群众欢迎。周强副主席率"提升退役军人工作服务部队备战打仗质效"委员视察团赴山东视察期间，邀请委员给基层官兵宣讲习近平强军思想，开展爱国主义教育和国防教育。陈武、朱永新副主席分别率教科卫体委员会"强化企业科技创新主体地位"党外委员专题视察团赴吉林、江苏视察过程中，有关委员分别围绕"麻醉助力美好生活"、"与'食'俱进"主题为当地基层医疗卫生系统工作人员作专题讲座，指导区域医疗中心建设。

（四）重视发挥反映社情民意信息在政协协商中的作用

十四届全国政协以来，办公厅共收到信息来稿43995篇，采用6010篇，内容涵盖经济、政治、文化、社会和生态文明建设等方面。编报各类信息刊物共 1063 期，其中向中共中央、国务院和有关部门报送信息 594 期，转化提案、大会发言、谈心交流、调研视察、协商议政成果编报信息 233 期，各类议政建言成果收到批示 578 人次、反馈报告 76 个，为有关部门制定政策、出台措施提供了重要参考。

——聚焦党和国家中心工作，精准服务科学民主决策。紧贴中共中央重大决策部署报送信息，如围绕形成新质生产力、实现高质量发展，报送把握需求供给趋势更好引导预期、促进民营经济健康发展等建议，不少获得中央领导同志批示，被有关部门研究采纳。聚焦重要时间节点收集报送信息，如在全民族抗战爆发纪念日前夕，报送规范全民族抗战爆发纪念活动相关表述等建议；在全国宣传思想文化工作会议召开前后，反映加强国际传播力建设等建议；在全国生态环境保护大会召开前后报送相关信息 7 期，对推动有关问题解决发挥了积极作用。

——加大协商议政成果转化力度，助推专门协商机构履职工作。各专门委员会注重运用政协信息，及时转化协商议政成果，带动委员报送履职建言成果。十四届全国政协以来，共有 1154 位委员报送 7421 篇反映社情民意信息，采用 1715 篇；各专门委员会办公室报送信息 834 篇，采用 327 篇。通过反映社情民意信息转化政协履职成果 220 个，其中包括：协商会议成果 84 个、提案 59 件、谈心成果 33 个、调研成果 44 个。

——**广泛收集反映社情民意信息，助力人民政协履职为民。**广大政协委员、各民主党派和工商联成员及无党派人士践行为民服务理念，积极通过政协信息渠道，反映人民群众所思所忧所盼，反映基层治理难点痛点堵点，反映社会关注热点焦点。办公厅创设《委员建言》，主要反映全国政协委员议政建言成果，全年刊登信息 1684 条。办公厅优化《每日社情》内设栏目，分门别类反映"社会关注"、"基层声音"、"诉求概览"，全年刊登信息 2071 条。这些信息聚焦民生关切、关注社会舆论、传递基层声音、提出相关建议，反映的不少苗头性倾向性问题、动态性动向性情况，受到中央领导同志和有关部门重视，为解决问题、改进工作提供了有益参考。

——**突出统战特色反映情况和意见建议，为凝聚共识提供信息支持。**畅通和拓宽政协委员、统一战线成员反映情况和议政建言成果的报送渠道，围绕政党关系、民族关系、宗教关系、阶层关系、海内外同胞关系等方面重大问题，及时反映统一战线情况和各方面人士意见诉求。这些信息反映的情况和有关意见，不少是通过其他渠道难以了解或不易反映的，对做好党外人士团结引导、凝心聚力工作具有重要参考价值。

——**健全制度机制流程，保障信息工作高质量发展**。提高信息报送精准度，建立信息选题研判分析机制，力求报送信息言之有物、言之有益、言之有用。强化信息质量时效，印发《关于严格社情民意信息审核把关和报送工作的通知》，压实信息反映人和报送单位责任，规范报送审批程序，确保报送信息真实可靠、及时高效。激发各方面积极性，健全信息采用情况通报机制，建立领导同志批示和部门反馈台账，每月通报信息采用和批示反馈情况，及时向报送单位反馈采用情况。

——**加强信息报送网络建设，增强信息工作合力**。召开反映社情民意信息工作座谈会，推动全国政协关于加强和改进反映社情民意信息工作的意见贯彻落实。各级政协把政协信息工作作为推动协商履职的重要抓手，有效调动各方面积极性，紧扣党和国家中心工作建言资政，积极服务协商履职成果转化利用，取得了明显成效。广大政协委员、各民主党派和工商联成员及无党派人士，胸怀"国之大者"、心系民之关切，通过各民主党派中央、全国工商联信息工作部门和各级地方政协等报送履职成果、反映社情民意。

五、在政协协商中广泛凝聚共识

加强思想政治引领、广泛凝聚共识是政协协商履职的中心环节。2023 年，全国政协采取有效举措，充分发挥专门协商机构作用，彰显统一战线组织功能，进一步提升凝聚共识工作水平，努力为强国建设和民族复兴凝聚人心、汇聚力量。

（一）有效发挥人民政协作为实行新型政党制度重要政治形式和组织形式的作用

2023 年，全国政协进一步加强与各民主党派中央、全国工商联的联系。建立健全各民主党派在全国政协更好发挥作用的机制，梳理统计各民主党派和党派成员在政协履职的情况并建立台账，定期向各民主党派中央反馈。通过联合开展调研、共同举办协商活动等方式，为民主党派、无党派人士在人民政协更好发挥作用创造条件。围绕全国政协重点协商议题，全年与各民主党派中央、全国工商联共同举办协商活动 9 次，就共同关心的议题联合开展调研 5 次。

十四届全国政协以来，各民主党派以本党派名义共提交提案 563 件，均有提案列为重点督办提案，占重点督办提案总数的 26.4%；共提交大会发言 144 篇，其中口头发言 21 次。

（二）深化寓思想政治引领于团结民主之中的谈心工作

十四届全国政协认真学习贯彻习近平总书记关于加强和改进人民政协工作的重要思想，高度重视做好与党外委员谈心工作，将其作为广交深交党外朋友、更好了解社情民意和听取意见建议的重要途径。为增强谈心工作实效，制定《中共全国政协党组成员与党外委员谈心工作方案》等，进一步完善制度机制，更加注重统筹协调，精心选择谈心形式、拟定谈心内容，做好谈心成果转化工作。

十四届全国政协以来，11 位全国政协党组成员坚持带头开展谈心工作，同 371 名党外委员开展"一对一"谈心交流达 403 人次，占党外委员总数的 29.2%。按照全国政协工作总体安排，各专门委员会分党组高度重视并积极开展与党外委员谈心工作。通过谈心交流思想、沟通情况、交换意见，认真听取党外委员意见建议，实现思想上的共同进步。

（三）完善委员联系界别群众制度机制，更好凝聚界别群众共识

按照中共二十大部署要求，全国政协高度重视并积极探索加强和改进政协委员联系界别群众工作，研究制定《政协全国委员会关于完善委员联系界别群众制度机制的意见（试行）》。2023 年度全国政协主席会议成员务虚会将此作为重要议题，深入开展交流研讨（专栏 3）。

专栏 3　全国政协主席会议成员务虚会围绕完善委员联系界别群众制度机制进行交流研讨

2023 年 7 月 11 日，全国政协主席会议成员务虚会在京召开。会议深入学习贯彻习近平新时代中国特色社会主义思想和中共二十大精神，围绕完善委员联系界别群众制度机制进行交流研讨。中共中央政治局常委、全国政协主席王沪宁主持会议并讲话。

会议指出，要深入学习领会习近平总书记关于发挥统一战线优势作用、做好委员联系界别群众工作的重要论述，深刻理解做好委员联系界别群众工作对于加强党的全面领导、巩固党的执政基础和长期执政地位的重要意义，更好把握新形势下委员联系界别群众的特点规律和工作要求，不断扩大同心圆、增强向心力，把更多的界别群众团结在中国共产党周围。

会议强调，做好委员联系界别群众工作，要坚持党的全面领导，把界别群众的诉求意愿、意见建议反映上去，把党和国家的大政方针、决策部署转化为社会各界的广泛共识和自觉行动，厚植党执政的群众基础和社会基础。要坚持人民政协性质定位，立足现有工作机制并不断完善。要发挥好委员在政协工作中的主体作用，做好思想引领、反映意见、凝聚共识、促进团结的工作。要围绕"联系谁"、"联系什么"、"怎么联系"等重要问题深化理论研究、加强实践探索。

8月23日，全国政协主席会议审议通过《政协全国委员会关于完善委员联系界别群众制度机制的意见（试行）》，印发办公厅和各专门委员会，要求结合实际认真抓好工作落实。《意见》阐明了完善委员联系界别群众制度机制的指导思想和主要原则，指出了委员联系界别群众工作的对象和主要内容，提出了完善相关制度机制、提升工作质量和成效的具体措施。《意见》要求，委员联系界别群众应突出政治性、统战性，坚持从群众中来、到群众中去，具体联系工作以思想引领、听取意见、反映要求、凝聚共识、增进团结、汇聚力量为主。《意见》的出台，对于更好联系团结界别群众、凝聚界别群众共识具有重要指导作用。

（四）创新开展委员履职"服务为民"活动

为深入贯彻落实习近平总书记关于加强和改进人民政协工作的重要思想，积极践行以人民为中心的发展思想和"人民政协为人民"理念，十四届全国政协立足政协性质定位、彰显政协功能特色，更好发挥人才荟萃、智力密集的优势作用，创新开展委员履职"服务为民"活动。这项活动，是践行习近平总书记对政协委员提出的"坚持为国履职、为民尽责的情怀"和"在界别群众中多做雪中送炭、扶贫济困的工作，多做春风化雨、解疑释惑的工作，多做理顺情绪、化解矛盾的工作"等重要要求的创新举措与务实行动，也是更加广泛深入有效凝聚共识的必然要求和有效途径。

全国政协领导同志高度重视委员履职"服务为民"活动。中共中央政治局常委、全国政协主席王沪宁亲自谋划部署，在 2023 年 7 月主持召开主席会议，审议通过《全国政协关于开展委员履职"服务为民"活动的意见（试行）》，审定"服务为民"活动年度工作方案。全国政协副主席兼秘书长王东峰主持召开工作会议，进行专题研究部署。全国政协办公厅和各专门委员会切实提高政治站位，认真编制工作方案，扎实做好组织动员、统筹协调、分类指导工作，加强"服务为民"活动与委员调研、视察考察等履职工作的有机衔接，努力为委员搭建平台、创造条件。广大政协委员积极响应，深刻认识开展委员履职"服务为民"活动的重大意义，胸怀"国之大者"、心系民之关切，充分发挥自身知识、专业、能力、资源等特长和优势，积极开展形式多样的"服务为民"活动。

自 2023 年 7 月启动到年底期间，全国政协累计开展委员履职"服务为民"活动 2477 项。其中，办公厅、各专门委员会组织开展活动 69 项，委员联合或自主开展活动 2480 项。活动内容主要包括宣讲咨询、建言献策、服务活动和帮扶资助等，涉及群众工作生活的方方面面（表 2）。

序号	承办单位	开展委员履职"服务为民"活动的主题
1	提案委员会	1. "助力民营企业更好参与退役军人服务保障工作"活动 2. "弘扬教育家精神，努力培养党和人民满意的'四有'好老师"教育讲座和"向安徽省六安市舒城县、金寨县中小学和基层农村捐献图书文具、'爱心书屋'活动" 3. 社区普法宣传 4. 宣讲习近平新时代中国特色社会主义思想和中共二十大精神 5. 灾后地区青少年关爱服务活动 6. 灾后重建志愿服务活动 7. "城市更新与历史文化保护传承"科普讲座
2	经济委员会	1. 政协委员谈经济，服务为民聚共识 2. 政协委员企业进校园促就业 3. 经济界、工商联界政协委员赋能乡村振兴
3	农业和农村委员会	1. 面向脱贫群众、当地养牛大户、散户教授养牛技术 2. 围绕种业创新问题，普及有关农业科学知识 3. 围绕统筹做好茶文化、茶产业、茶科技开展相关培训 4. 开展食品加工相关技术培训，向脱贫群众传授酱卤技术 5. 作蔬菜病害防控专题讲座，帮助解决当地蔬菜病害问题

序号	承办单位	开展委员履职"服务为民"活动的主题
4	人口资源环境委员会	1. 开展"用低碳行动，保护地球家园"科普讲座 2. 在新疆调研期间为社区群众讲授中老年保健和庭院绿化知识 3. 向各省捐赠中国测绘科学研究院关于地面沉降遥感检测科研成果 4. 向基层群众宣传阐释习近平生态文明思想和全国生态环境保护大会精神 5. 组织生态环境部环规院和天津、宁夏、内蒙古等地方科研机构通过现场、视频等方式参加习近平新时代中国特色社会主义思想学习座谈会 6. 组织委员在京外调研期间，围绕当地高质量发展特别是生态环境保护相关问题，为地方企业把脉问诊、出谋划策，提出意见建议
5	教科卫体委员会	1. 科普万里行 2. 科普大讲堂 3. 在视察、调研、下基层活动中开展科普讲座 4. 在视察、调研、下基层活动中开展教师节慰问、送科技下基层、卫生"三下乡"、送体育下基层活动
6	社会和法制委员会	1. 委员履职"服务为民"宪法学习宣讲活动 2. 委员履职"服务为民"康复助残活动 3. 委员履职"服务为民"为失能群众送温暖活动 4. 委员履职"服务为民"线上法律培训活动
7	民族和宗教委员会	1. 委员促三交·民族宗教政策宣讲 2. 委员促三交·向基层宗教活动场所赠书
8	港澳台侨委员会	港澳委员"进校园、讲国情"活动
9	外事委员会	服务外经贸企业高水平对外开放
10	文化文史和学习委员会	1. 委员履职"服务为民——送文化下基层"活动 2. "文史讲堂"专题讲座

表 2

在深入开展委员履职"服务为民"活动中，人民政协通过多种形式的务实行动，为人民群众办实事、做好事、解难事，进一步丰富拓展了面向社会传播共识的途径和方式，取得了良好成效。

——加强思想政治引领、广泛凝聚共识，巩固团结奋斗的共同思想政治基础。坚持不懈用习近平新时代中国特色社会主义思想凝心铸魂，面向群众广泛宣讲习近平新时代中国特色社会主义思想和中共二十大精神，帮助各界群众更好了解和把握新时代新征程全党全国人民的中心任务，为强国建设、民族复兴凝聚共识和力量。比如，提案委员会组织多名委员深入基层社区为群众宣讲习近平新时代中国特色社会主义思想，环境资源界委员就地就近向基层群众宣讲习近平生态文明思想和全国生态环境保护大会精神，军队特邀界委员为基层官兵宣讲习近平强军思想，进一步增强各界人士对中共中央决策部署的政治认同、思想认同、理论认同、情感认同，共同致力于为全面建设社会主义现代化国家、全面推进中华民族伟大复兴而团结奋斗。面向界别群众深入开展政策宣讲、形势分析等，引导界别群众深刻领会中共中央对各类重大问题的看法，进一步统一思想、统一意志、统一行动。民族和宗教委员会组织 22 名委员开展"委员促三交·民族宗教政策宣讲"活动，有效引导少数民族群众和信教群众牢固树立正确的中华民族历史观，铸牢中华民族共同体意识。港澳台侨委员会组织港澳地区全国政协委员走进港澳地区 300 多所校园，宣讲中国共产党最新理论成果和粤港澳大湾区建设等政策规划，介绍内地发展变化和中华传统文化，不断增强港澳青少年国家意识和爱国情怀。

——聚焦党和国家中心任务，积极助力高质量发展。锚定中国式现代化目标任务，聚焦经济建设这一中心工作和高质量发展这一首要任务，做好宣传政策、解疑释惑工作，有效稳定社会预期、坚定发展信心。经济委员会 10 余名经济领域"大咖"围绕推进中国式现代化、推动经济高质量发展进行主旨演讲、撰写解读文章，助推党中央决策部署落实落地，面向非公有制经济人士解读中央经济工作方针政策，为民营企业鼓干劲、强信心。立足本职工作和专业特长，紧扣党中央重大决策部署、国家重大战略需求、发展中重大现实问题积极建言献策，为地方和企业会诊把脉、出谋划策，提出有价值的意见和建议。人口资源环境委员会组织委员就加强黑土地保护、建立新能源产业再生资源回收利用体系等，为基层企业出实招，推进企业健康发展。外事委员会开展"服务外经贸企业高水平对外开放"活动，组织 8 名委员深入广交会、进博会和外经贸企业调研，协调推动解决企业"走出去"过程中遇到的困难问题。经济界、工商联界委员赴西部地区部分国家乡村振兴重点帮扶县实地考察、对接资源、开展帮扶，助力巩固拓展脱贫攻坚成果。

——服务公共事业发展，努力增进民生福祉。鼓励和支持政协委员参与乡村振兴，做好相关帮扶工作，帮助革命老区和欠发达地区解决发展问题。农业和农村委员会开展送"三农"服务下乡活动，面向基层农业技术管理人员开展粮食安全、蔬菜病害防控等专题讲座，助力农民致富增收。农业界委员自主开展农村青年非遗技艺传习工作，每年坚持深入乡村一线举办免费培训，为乡村振兴培养技能型人才。鼓励、支持委员发挥个人专长并统筹运用有关资源，抓住科技、文化、教育、医疗等民生关键领域发展问题做好工作，协助党和政府增进人民福祉。教科卫体委员会创设"委员科学讲堂"，开展"科普万里行"活动，协同有关专门委员会面向青少年、基层群众等举办科普讲座44场，组织委员开展教师节慰问、送科技下基层、卫生"三下乡"、送体育下基层等"下基层惠民生"活动，不断满足人民对美好生活的需要。文化文史和学习委员会开展"送文化下基层"活动，组织委员深入基层和革命老区举办6场文艺演出和文化讲座，丰富基层群众精神文化生活。医卫界委员发挥个人专长赴基层医疗机构开展专家义诊，为落后地区医疗机构提供业务帮扶，提升整体诊疗水平。

——坚持人民政协为人民，聚焦"关键小事"，切实为群众办实事、解难题。 引导委员深入基层、走进群众，倾听群众呼声，反映群众愿望，帮助群众解答思想困惑、解决实际困难，真正把惠民生的事办实、把暖民心的事办细、把顺民意的事办好。注重统战性，关注界别群众急难愁盼问题，积极解决群众身边的"关键小事"。社会和法制委员会协调律师委员对西藏、青海等地群众开展法律援助，组织委员赴基层社区了解失能老人家庭所需所盼，为推动建立长期护理保险制度发出基层声音，关注弱势群体权益保障，走进残疾人服务中心调研了解残疾人的现实需要和服务供给现状，捐赠小型康复器材，开展系列康复助残活动。共青团和青联界委员发挥自身在青年发展、志愿服务方面的特色优势，与共青团中央联合发起"灾后地区青少年关爱服务"，赴房山、门头沟区中小学校开展志愿服务，捐赠图书文具，帮助受灾地区青少年健康成长。企业家委员积极开展"政协委员企业进校园促就业"活动，结合企业发展需要，广泛吸纳青年实习和就业，助力稳岗拓岗政策落实。

实践证明，通过开展委员履职"服务为民"活动，能够把政协所能、委员所长和人民所需紧密结合起来，把发挥政协优势作用、强化委员责任担当、密切联系人民群众有机统一起来，拉近了政协组织、政协委员与人民群众之间的距离，使群众更加真切感受到"人民政协离自己很近"、"政协委员就在身边"，有助于提高人民政协凝聚共识的感召力、说服力、吸引力和影响力，增强政协委员面向社会传播共识的实际效果。

（五）为实现中华民族伟大复兴和构建人类命运共同体广泛汇聚正能量

十四届全国政协积极主动适应时代发展要求与

客观形势变化，充分运用线上线下多种平台载体，面向社会各界人士，努力做好有效凝聚共识、广泛传播共识工作，为实现中华民族伟大复兴和构建人类命运共同体汇聚强大正能量。

2023 年 3 月 3 日，全国政协十四届一次会议新闻发布会在人民大会堂新闻发布厅举行。这是自 2020 年以来全国两会率先改变视频连线主分会场形式、首次采取线下面对面方式举行的大会新闻发布会，中央媒体、地方媒体通过广播、电视和网络融媒体等进行直播，众多外国和港澳台媒体纷纷予以报道，凸显了新闻发布"暖人心、强信心、聚民心"的积极效应，达到了面向社会凝聚共识的良好效果。大会期间开设的"委员通道"，有效发挥政协委员正面发声作用，回应媒体记者提问，受到社会广泛关注，成为"通民心、道民意"和反映民情、汇聚力量的大舞台。

大会期间，全国政协继续在委员履职平台上设立政府工作报告和计划、预算报告主题议政群，212 名委员共计发言 200 余条、约 15 万字，建言资政受到高度重视，凝聚共识取得积极成果。制作速览《全国政协常委会工作报告》和《全国政协常委会关于提案工作情况的报告》短视频，在人民大会堂播放，并由全国政协官网和官方微信公众号等媒体发布，全网累计阅读约 3000 万次。与此同时，在全国政协官网、官微上开设"我和政协大会说句话"网民留言栏目，收到万余条境内外网民留言建议，进一步密切了人民政协与社会各界群众的联系。200 余位外国驻华使节、国际组织驻华代表旁听大会开、闭幕会，1000 余位境外记者报道两会盛况。推出全国政协常委会工作报告"图说"英文版、《委员说》系列视频报道、《中国全国政协》中英文画册和宣传片等外宣产品，有效增进了国际社会对全过程人民民主和人民政协的了解和认知。

全国政协认真学习贯彻习近平外交思想，服从服务于党和国家对外工作大局，立足政协性质定位，拓展对外交往平台渠道，积极开展公共外交、民间外交、智库外交，在全面推进中国特色大国外交中彰显独特作用，为构建人类命运共同体提供正能量。

2023 年，全国政协对外交往工作在民间对话与智库交流方面实现了新突破。一年里，全国政协及所属机构组织出访 23 批次，同 50 个国家 200

多个机构交流互动，新建立同 41 家国外智库和 12 个民间组织的联系，在国际上的"朋友圈"不断扩大。成立十四届全国政协中非友好小组并组织开展首次出访，为共筑高水平中非命运共同体积极发挥作用。中国经济社会理事会连任经社理事会和类似组织国际协会管委会成员，成功将"推动构建人类命运共同体"写入国际协会章程，并派团出席国际协会有关活动、访问部分友好组织，在华举办中非经社理事会第三次圆桌会议，在国际经社领域影响力进一步增强。中国宗教界和平委员会举办第二届"跨宗教交流与构建人类命运共同体"国际研讨会、博鳌亚洲论坛 2023 年年会宗教分论坛，积极参与有关国际和地区组织活动，为世界和平与发展贡献中国宗教界的智慧力量。

六、开展人民政协协商式监督

　　人民政协的协商式监督，既是其一项重要职能，也是其发挥好专门协商机构作用的重要方式。2023 年，全国政协深入学习贯彻习近平总书记关于人民政协民主监督工作的重要论述，认真贯彻落实中共二十大有关重要部署，着力完善人民政协民主监督制度机制，紧扣贯彻落实中共中央重大决策部署开展民主监督，有力助推党和国家重大方针政策和重要决策部署顺利实施。

（一）对标对表《中共中央办公厅关于加强和改进人民政协民主监督工作的意见》，研究制定《政协全国委员会关于加强和改进人民政协民主监督工作的实施意见》，完善民主监督制度机制

2023 年 8 月 23 日，全国政协主席会议审议通过《政协全国委员会关于加强和改进民主监督工作的实施意见》。这是贯彻落实中共二十大关于完善人民政协民主监督制度机制重要部署要求的具体举措。为做好这项工作，全国政协专门成立调研组，深入调研辽宁、江苏、湖北、广东、重庆、陕西、青海、新疆等 8 个省（区、市）开展民主监督工作情况，对标对表《中共中央办公厅关于加强和改进人民政协民主监督工作的意见》，研究起草《政协全国委员会关于加强和改进民主监督工作的实施意见》稿。

该实施意见从总体要求、监督内容和重点、监督形式、工作程序、组织保障等方面规范政协民主

监督工作，强调要坚持中国共产党的领导，始终保持人民政协民主监督工作的正确方向，聚焦党和国家中心任务，完善监督形式，规范监督程序，强化组织领导，切实加强和改进民主监督工作。"实施意见"为推动人民政协民主监督工作高质量发展，进一步奠定了坚实基础、提供了制度保障。

（二）聚焦"十四五"规划实施中的重大问题持续深入开展协商式监督

2023年，全国政协按照《政协全国委员会围绕"十四五"规划实施开展民主监督工作计划》部署安排以及每年突出一个重点的要求，选取不同角度，以亟需解决的重要问题作为切入口，扎实、深入开展民主监督工作，取得新的积极进展（表3）。

全国政协围绕"十四五"规划实施开展民主监督的
重点题目及 2023 年突出的重要问题

序号	承办单位	重点题目	2023 年突出的重要问题
1	提案委员会	推进退役军人保障政策措施贯彻落实	促进社会力量参与退役军人服务保障工作
2	经济委员会	持续优化营商环境	优化外商投资环境
3	农业和农村委员会	推进乡村建设，改善人居环境	加强农村污水治理建设宜居宜业和美乡村
4	人口资源环境委员会	加强黑土地保护	《黑土地保护法》实施以来黑土地保护工作进展情况

序号	承办单位	重点题目	2023 年突出的重要问题
5	教科卫体委员会	促进体教深度融合	体教深度融合有关法律法规贯彻落实情况
6	社会和法制委员会	加快推进社会适老化改造	社会适老化改造工作进展情况及其存在的问题
7	民族和宗教委员会	推动中华民族共同体意识教育	加强高校铸牢中华民族共同体意识教育
8	港澳台侨委员会	粤港澳大湾区发展规划纲要落实情况及建议	粤港澳大湾区建设宜居宜业宜游的优质生活圈
9	外事委员会	"十四五"规划对外开放重大举措落实情况	东北地区落实"十四五"规划对外开放重大举措情况
10	文化文史和学习委员会	推进城乡公共文化服务体系一体建设	创新拓展城乡公共文化空间

表 3

为切实加强和改进人民政协民主监督工作，全国政协党组坚决贯彻落实习近平总书记有关重要指示批示要求和党中央有关决策部署，牢牢把握正确政治方向，坚持把党的领导贯穿到民主监督工作全过程和各方面，坚持协商式监督性质定位，精准确定监督内容和重点，在民主监督选题确定、组织实施、情况报告等各个环节，处处体现政治属性、落实政治要求。按照全国政协党组部署和职责分工，机关党组、各专门委员会分党组认真抓好民主监督的组织实施和政治把关工作，充分调动委员参与积极性，切实强化对民主监督工作的组织领导。

全国政协党组会议、主席会议认真学习贯彻习近平总书记关于民主监督工作的重要论述，明确了2023年度开展的10项民主监督调研计划，并根据习近平总书记在全国生态保护大会上提出的"各级政协要加大生态文明建设专题协商和民主监督力度"重要要求，及时就开展有关民主监督工作作出具体部署。召开2次双周协商座谈会，围绕"加快社会适老化改造"和"创新拓展城乡公共文化空间"民主监督议题协商议政，推动工作落实。10位副主席分别率队深入基层一线开展专项民主监督调研，组织调研组围绕监督议题深入学习习近平总书记有关重要讲话精神，确保用党的创新理论武装头脑、指导实践。

各专门委员会注重发挥协商式监督优势作用，在往年工作基础上，继续围绕10个方面的重点题目一以贯之深入开展专项监督，推动民主监督工作走深走实，以监督的连贯性强化工作的实效性，有力助推中共中央决策部署贯彻落实和部门工作加强改进。专项监督调研形成的10篇监督报告，分别以全国政协办公厅文件形式报送中办、国办，或以

《政协调研》内刊形式印发有关方面。其中 3 篇报告得到中共中央国务院领导同志批示，多条意见建议被有关部委吸纳。

11 月 17 日，全国政协主席会议听取 2023 年民主监督工作情况报告。会议强调，要总结好经验好做法，积极推动政协民主监督理论和实践创新，使政协民主监督更好服务党和国家中心工作，为助推重大方针政策贯彻落实、重要决策部署顺利实施作出更大贡献。

（三）推动形成多种形式协同联动的监督合力

在制定《政协全国委员会关于加强和改进民主监督工作的实施意见》的同时，全国政协通过完善有关会议活动筹备组织、视察考察调研、社情民意信息报送、大会发言、提案办理等工作制度机制，多措并举积极推动民主监督工作制度化规范化程序化建设。

在开展专项监督过程中，全国政协办公厅和各专门委员会认真落实关于提高民主监督能力的要求，注重强化组织服务能力建设，提高监督工作组织化程度，有效提升民主监督工作水平，推动形成多种形式协同联动的监督合力。办公厅切实加强对专项监督工作统筹，协调制定调研计划，完善相关工作机制，规范监督成果报送，向主席会议报告民主监督工作开展情况。各专门委员会着力健全开展民主监督工作全过程管理的制度机制，推动形成监督有计划、工作有方案、实施有组织、审议有程序、办理有反馈、结果有报告的工作格局。同时，注重配合运用其他监督形式，推动形成各种监督形式相互配合、协同联动、共同发力的民主监督体系，汇聚监督合力，增强监督实效。比如，有的专门委员会在形成调研报告报送中办、国办的同时，综合运用反映社情民意信息方式，将专项监督调研中发现的问题整理形成政协信息，报送中央有关领导同志。有的专门委员会综合运用会议监督、调研监督等形式，深入开展专项监督，取得良好效果。

七、提高人民政协协商民主制度化规范化程序化水平

落实习近平总书记关于加强政协制度化、规范化、程序化等功能建设的重要要求，坚持先立后

破、破立并举，把健全制度和强化执行结合起来，为政协履职提供制度保障。政协十四届一次会议以来，共完成 87 项制度制定和修订工作，覆盖党的领导、协商议政、学习培训、理论研究、视察考察、调查研究、新闻发布、会议活动、党的建设等方面。梳理并汇总编印全国政协层面 57 项、机关层面 171 项制度。强化制度执行，完善督查机制，健全制度落实责任机制，推动政协履职有章可循、有制可依、有规可守。

（一）修改《中国人民政治协商会议章程》

政协章程是参加人民政协的各党派团体和各族各界人士共同的行为准则，是各级政协设立组织、开展工作的基本依据。2022 年，中共中央决定对政协章程作适当修改，并确定了修改原则。全国政协落实中共中央部署要求，在广泛征求意见的基础上形成章程修正案草案，按程序报送党组会议、主席会议研究审议并修改完善后，上报中共中央。中共中央原则同意政协章程修正案草案稿。提请全国政协常委会会议审议后，2023 年 3 月 11 日，全国政协十四届一次会议审议通过了《中国人民政治协商会议章程修正案》。

这次修改政协章程，坚持以习近平新时代中国特色社会主义思想为指导，贯彻落实中共二十大精神，充分体现中共二十大提出的重要思想、重要观点、重大战略、重大举措。政协章程修正案在总纲中增写实现第一个百年奋斗目标，开启了实现第二个百年奋斗目标新征程，以中国式现代化全面推进中华民族伟大复兴，为实现第二个百年奋斗目标而团结奋斗等内容。同时，在工作总则中增写把握新发展阶段，贯彻创新、协调、绿色、开放、共享的新发展理念，加快构建以国内大循环为主体、国内国际双循环相互促进的新发展格局，推动高质量发展；坚持总体国家安全观；宣传和协助贯彻执行科教兴国战略、创新驱动发展战略；反对特权思想和特权现象；弘扬和平、发展、公平、正义、民主、自由的全人类共同价值等内容。充实这些内容，有利于引导参加人民政协的各党派团体和各族各界人士进一步把思想和行动统一到中共中央决策部署上来，把智慧和力量凝聚到实现中共二十大确定的目标任务上来，紧扣"五位一体"总体布局和"四个全面"战略布局履职尽责，为服务党和国家工作大局作出新贡献。

政协章程修正案充实坚持中国共产党的全面领导方面的内容。中国共产党是领导我们事业的核心力量。坚持中国共产党的全面领导是坚持和发展中国特色社会主义的必由之路，是人民政协必须恪守的根本政治原则。坚持加强中国共产党的全面领导和中共中央集中统一领导，是新时代十年伟大变革的根本政治保证。政协章程修正案在总纲中增写坚持中国共产党的全面领导，增强"四个意识"、坚定"四个自信"、做到"两个维护"。充实这些内容，反映了参加人民政协的各党派团体、各族各界人士的共同意愿，有利于更好把握人民政协这一制度安排和政治组织最本质的特征，深刻领悟"两个确立"的决定性意义，全面贯彻习近平新时代中国特色社会主义思想，进一步打牢共同思想政治基础，把坚持中国共产党的全面领导贯穿到政协全部工作之中，不忘初心、牢记使命，切实担负起把以习近平同志为核心的中共中央决策部署和对人民政协工作要求落实下去、把海内外中华儿女智慧和力量凝聚起来的政治责任，为全面建设社会主义现代化国家、全面推进中华民族伟大复兴而团结奋斗。

政协章程修正案在把握人民政协性质定位、更好履职尽责等方面作了充实。将总纲原第三自然段中人民政协"是我国政治生活中发扬社会主义民主的重要形式"充实为"是我国政治生活中发扬社会主义民主、实践全过程人民民主的重要形式"，将总纲原第七自然段中"是社会主义协商民主的重要渠道和专门协商机构"调整至此处。同时，在总纲中增写一个自然段："中国人民政治协商会议是中国共产党把马克思列宁主义统一战线理论、政党理论、民主政治理论同中国具体实际相结合、同中华优秀传统文化相结合的伟大成果，是中国共产党领导各民主党派、无党派人士、人民团体和各族各界人士在政治制度上进行的伟大创造。"增写："坚持中国共产党领导、统一战线、协商民主有机结合，坚持围绕中心、服务大局，坚持发扬民主和增进团结相互贯通、建言资政和凝聚共识双向发力，发挥专门协商机构作用。"在工作总则中增写："要把加强思想政治引领、广泛凝聚共识贯穿履职工作之中"；"将监督形式的重要议题列入年度协商计划。"充实这些内容和表述，秉承历史传统、反映时代特征，有利于进一步强化思想理论武装，准确把握人民政协性质定位，紧扣党和国家中心任务履职尽责，提高政治协商、民主监督、参政议政水平，更好凝聚共识，在践行全过程人民民主、增进大团结大联合、推进国家治理体系和治理能力现代化中发挥积极作用。

（二）围绕加强党对政协工作的全面领导强化制度建设

中国共产党的领导是包括各民主党派、各团体、各民族、各阶层、各界人士在内的全体中国人民的共同选择，是成立政协时的初心所在，是人民政协事业发展进步的根本保证。完善党对政协工作领导的制度，对于确保人民政协事业始终沿着正确方向前进至关重要。2023年11月1日，全国政协党的建设工作座谈会在京举行。会议强调要以习近平新时代中国特色社会主义思想为指导，全面贯彻党的二十大精神，深入学习贯彻习近平总书记关于党的建设的重要思想，贯彻落实习近平总书记对党的建设和组织工作作出的重要指示精神，深刻领悟"两个确立"的决定性意义，增强"四个意识"、坚定"四个自信"、做到"两个维护"，坚持以党的政治建设为统领推进政协党的各项建设，全面提高政协党的建设质量，为推动政协工作高质量发展、推动人民政协事业创新发展提供坚强保证。

全国政协贯彻落实党的二十大提出关于"健全全面从严治党体系"的要求，提升政协党建制度化规范化科学化水平。

修订《政协全国委员会党的建设工作领导小组工作规则》，对领导小组的职责任务等作出规定，强调坚持党建工作与业务工作同谋划、同部署、同推进，研究落实加强思想政治引领、广泛凝聚共识等工作。制定《中共全国政协党组关于建立健全学习贯彻习近平总书记重要指示批示精神和党中央决策部署常态长效工作机制的意见》，明确健全重大事项报告机制、传达学习机制、贯彻落实机制、督查督办机制，确保习近平总书记重要指示批示精神和中共中央决策部署落实到政协履职各方面全过程。制定《全国政协中共党员委员联系党外委员工作办法》，明确每位中共党员委员至少联系一位党外委员，把加强思想政治引领、广泛凝聚共识贯穿履职工作之中。围绕开展主题教育、专项巡视工作等制定相关制度。

（三）围绕协商履职强化制度建设

围绕提升履职水平，制定修订一系列相关制

度，依靠制度的有效运行来组织协商、保障协商、规范协商、深化协商。修订《中国人民政治协商会议全国委员会专家协商会工作规则》，明确专家协商会参会人员、协商方式、议题征集、组织筹备、成果转化，强调坚持平等协商、求同存异，把发言、提问、回应、讨论作为重要环节和方式，在协商中更好深化认识、增进共识。制定《全国政协重点关切问题情况通报会工作办法》，就邀请中央和国家机关有关单位通报关系改革发展稳定的重大问题、人民群众关心和委员普遍关切的热点难点问题有关情况，帮助委员更好知情明政、提高履职能力等作出规范。制定《政协全国委员会关于加强和改进民主监督工作的实施意见》，从总体要求、监督内容和重点、监督形式、工作程序、组织保障等方面规范民主监督工作。还围绕政协信息、提案、大会发言、调查研究等工作制定修订了相应规章制度。

（四）围绕提高委员协商能力、发挥委员主体作用强化制度建设

制定《政协全国委员会副主席联系专门委员会、界别和委员工作办法》，为与委员加强联络、交流思想、听取意见建议提供制度化保障。制定

《全国政协委员集中学习培训工作办法（试行）》，明确把深入学习贯彻习近平新时代中国特色社会主义思想作为委员集中学习培训工作的主题主线，规范新任委员学习研讨班、委员专题学习研讨班、中共中央全会精神集中学习活动等组织工作，夯实履职基础。制定《政协全国委员会关于完善委员联系界别群众制度机制的意见（试行）》，明确委员联系界别群众工作的对象和主要内容、工作机制、组织保障，引导委员深入界别群众了解情况，发挥思想政治引领作用。制定《全国政协关于开展委员履职"服务为民"活动的意见（试行）》，明确委员履职"服务为民"活动内容包括宣讲习近平新时代中国特色社会主义思想和中共二十大精神、助力高质量发展、参与乡村振兴、促进青年就业、科学知识普及、支持西部教育、服务公共文化建设和群众体育发展、公共卫生医疗服务等12个方面，引导广大委员以实际行动践行人民政协为人民的理念。修订《"全国政协委员优秀履职奖"评选表彰暂行办法》，从政治立场坚定、履职实绩突出、密切联系界别群众、敢于斗争善于斗争、自觉遵守宪法法律和政协章程等各项规章制度等方面明确标准，强化委员责任担当，鼓励广大委员认真履行职责。

（五）围绕机关运行强化制度建设

提出"三化、六性、两提高"，明确加强制度化、规范化、程序化建设，增强计划性、体现超前性、把握系统性、强化创新性、提升针对性、注重实效性，不断提高工作质量和工作效率的总体思路。十四届全国政协以来，制定修订废止全国政协机关层面制度 58 项，其中制定 43 项、修订 14 项、废止 1 项。规范机关党建工作，制定《关于进一步加强全国政协机关党的建设的意见》《全国政协机关党组关于严格落实全面从严治党主体责任和监督责任的意见》等，把坚持用习近平新时代中国特色社会主义思想凝心铸魂、切实增强基层党组织政治功能和组织功能、党组书记第一责任人责任、党组成员"一岗双责"等细化实化具体化。规范会议活动，制定修订《全国政协重要会议筹备组织工作细则》《全国政协机关重要会议筹备组织工作细则》《中国人民政治协商会议全国委员会机关碰头会工作规则》等制度，梳理规范 10 类重要协商议政会议，制定筹备组织工作细则，明确全体会议提前整体统筹、重要例会议题按月征集、会议文件一次呈报、列席及工作人员严格管理等举措。规范履职服务，制定《全国政协办公厅关于深入学习贯彻习近平新时代中国特色社会主义思想狠抓工作落实的意见》，构建抓落实的责任机制、目标机制、协调机制、督查督办机制、报告机制和整改机制，完善"任务分工—督办落实—抽查检查—定期报告—跟踪问效"全链条工作流程。制定修订《全国政协办公厅视察考察调研相关组织协调工作办法（试行）》《全国政协开展专题研究工作办法（试行）》《全国政协机关关于深入学习贯彻习近平总书记重要批示持续推进整治形式主义为基层减负的若干举措》等。规范公文处理，制定《关于加强和改进机关公文办理工作的意见》，围绕各专门委员会办公室反映社情民意信息报送工作、档案分类归档、《政协调研》编印、简报资料编印、《政协全国委员会办公厅简报》编发等制定相关制度。规范人事管理，就机关干部外出报备、直属事业单位人事管理、借调人员管理、干部教育培训等制定相关办法。制定《全国政协办公厅目标责任制考核办法（试行）》，首次对办公厅各室局、直属单位实行目标责任制，明确年度目标任务，提升工作整体效能。首次形成工作流程手册，梳理优化各室局、处室工作职责，理顺工作关系，规范工作流程。此外，围绕网信宣传、安全保密、财务资产管理等建立健全相关制度。

全国政协坚持用制度管人管事，完善制度机制，采取有效举措，从专门委员会建设、委员队伍建设、政协机关干部队伍建设等方面，着力提升人民政协协商履职的能力水平。

——举办全国政协专门委员会主任会议暨学习研讨班，更好发挥专门委员会在政协协商中的职能作用。 专门委员会的工作水平、工作状况、工作成效，直接关系人民政协协商履职的质量水平和整体效能。切实提高专门委员会协商履职的能力水平，对于更好发挥人民政协作为专门协商机构的作用，对于推动政协协商工作的高质量发展，具有重要基础性作用。十四届全国政协高度重视专门委员会工作，采取有效措施加强专门委员会建设。2023 年 3 月 28 日，十四届全国政协专门委员会主任会议暨学习研讨班在北京举办。会议强调，要牢牢把握正确政治方向，把学懂弄通做实习近平新时代中国特色社会主义思想作为人民政协第一位政治任务，熟练掌握这一重要思想的世界观、方法论和贯穿其中的立场观点方法，全面贯彻到人民政协工作全过程和各方面。要围绕加快推进中国式现代化建设，把自身所长和大局所需结合起来，深入开展协商议政活动，着力提高协商质量。要大兴调查研究之风，重调研、勤调研、善调研，在深入调查研究中增强履职本领。要坚持大团结大联合，扎实做好加强思想政治引领、广泛凝聚共识的工作，巩固团结奋斗的共同思想政治基础。会议要求，必须毫不动摇坚持中国共产党对人民政协的领导，以政治建设为统领加强专门委员会党的各项建设。要落实新时代党的建设总要求，履行全面从严治党主体责任，发扬自我革命精神，持之以恒正风肃纪。要发挥党员委员的先锋模范作用，努力做合作共事的模范、发扬民主的模范、求真务实的模范、联系群众的模范、廉洁奉公的模范。

——落实"懂政协、会协商、善议政"要求，提升政协委员协商履职能力。"懂政协、会协商、善议政"，深刻指出了政协委员提高履职能力、增强协商本领的方向、目标、要求。全国政协通过学习培训、协商活动等，引导委员深入学习领会中国共产党关于统一战线和人民政协的基础理论和方针政策，深入学习贯彻习近平总书记关于加强和改进人民政协工作的重要思想，理解人民政协的发展历程、优良传统、性质定位等。把握人民政协不是权力机关、不是决策机构，也不是协商主体，而是中国人民爱国统一战线的组织，是中国共产党领导的多党合作和政治协商的重要机构，是我国政治生活中发扬社会主义民主、实践全过程人民民主的重要形式，是社会主义协商民主的重要渠道和专门协商机构，是国家治理体系的重要组成部分，是具有中国特色的制度安排。在各种协商活动中，引导委员牢固树立协商理念，把握协商原则，掌握协商方法，善于通过协商增进共识、推进合作共事，把协商的过程作为增进了解、加深理解、消除误解、取得谅解的过程。要求委员紧扣党和国家重点任务，深入调查研究，广泛了解民情，积极反映民意，提出有价值的意见建议，做到想在前、谋在前、议在前，更好服务党政决策。

——召开全国政协机关工作座谈会、机关各室局干部座谈会，提高机关干部服务人民政协协商民主建设的工作水平。2023 年 7 月 20 日，王沪宁主

席主持召开全国政协机关工作座谈会，听取全国政协机关有关工作情况汇报和意见建议。王沪宁主席的讲话紧扣习近平总书记 2014 年 5 月在同中共中央办公厅各单位班子成员和干部职工代表座谈时提出的"五个坚持"重要要求，强调做好全国政协机关工作，要扭住人民政协性质定位，坚持把旗帜鲜明讲政治作为政协工作的生命线，始终从政治上看问题、想事情、干工作，做到对党忠诚、服务大局、高度负责、甘于奉献、廉洁自律。对党忠诚是人民政协机关的政治灵魂，是政协工作必须坚持的首要政治原则，是政协干部必须具备的首要政治品格。要坚持不懈用习近平新时代中国特色社会主义思想凝心铸魂，自觉在思想上政治上行动上同以习近平同志为核心的党中央保持高度一致。每一位政协干部都要提高政治判断力、政治领悟力、政治执行力，做到政治上坚持高标准、工作上追求高质量、作风上体现实要求、纪律上恪守严规矩、修养上锤炼高境界。要聚焦党和国家中心任务思考问题、谋划工作、推进落实，发挥好政协党组把方向、管大局、保落实的领导作用。要增强做好政协工作的荣誉感和使命感，守正创新、敬业守责、增强本领，让干字当头、实字为要、担字为重成为政协干部的自觉行动。要引导政协干部树立为党为人民矢志奋斗的志向，永葆奋发有为的精神状态。要压实全面从严治党主体责任，以党的政治建设为统领做好政协机关党建工作，涵养风清气正的政治生态，建设让党中央放心、让人民群众满意的模范机关。

2023 年 9 月 13 日至 10 月 11 日，王沪宁主席与全国政协机关各室局干部分别进行座谈，听取有关情况汇报并讲话，对加强和改进机关和各室局工作提出明确要求。此次座谈共历时 6 个半天、召开 11 场会议，每场有 1 至 2 个室局参加。王东峰副主席兼秘书长和驻会副秘书长、机关党组成员、有关专门委员会驻会副主任出席，机关 19 个室局共 324 名干部参加。王沪宁主席强调，要深入学习贯彻习近平新时代中国特色社会主义思想和党的二十大精神，深入贯彻落实习近平总书记关于加强和改进人民政协工作的重要思想，在传承发扬历届好经验好做法的同时，守正创新、与时俱进，强化政治能力、提高履职本领，自觉服从大局、积极担当作为，推动各项工作开创新局面、取得新进展，为人民政协事业发展作出新的更大贡献。

全国政协机关认真学习贯彻习近平总书记在同中共中央办公厅各单位班子成员和干部职工代表座谈时的重要讲话精神，按照王沪宁主席要求，认真对标对表，查找短板弱项，研究提出加强和改进的具体措施。印发《认真学习贯彻习近平总书记关于加强和改进新时代人民政协工作重要指示批示精神的实施意见》，对进一步做好政协机关工作提出明确要求、作出部署安排。制定《全国政协办公厅贯彻落实机关各室局干部座谈会精神的意见》，从深化政治机关建设、强化党的创新理论武装、优质高效服务保障履职、树立鲜明选人用人导向、着力解决突出问题、持之以恒正风肃纪六方面提出具体要求。这些举措，对进一步提升政协机关干部履职尽责能力水平，具有指导意义和推动作用。

八、地方政协协商工作深入开展

2023年，全国政协认真贯彻落实中央政协工作会议要求，通过加强学习培训、组织协同调研、开展联动协商等方式，进一步做好对地方政协的联系指导工作。地方各级政协深入开展学习贯彻习近平新时代中国特色社会主义思想主题教育，认真学习贯彻中共二十大精神，在同级党委领导下，在上级政协指导下，积极发挥专门协商机构作用，推动政协协商民主深入发展。

北京市政协紧扣新时代首都发展中的重点问题协商议政，高标准组织实施协商年度工作计划。全年完成协商任务 47 项，形成协商成果 61 份。通过专题议政性常委会会议、专题协商会、立法协商等形式协商议政。共开展调研活动 185 次，各界别委员和党派成员 4900 余人次参加，形成主报告 10 份、分报告 23 份、《诤友》信息 72 期，提出许多高质量的意见建议，为市委市政府决策提供了有益参考。发挥政协组织优势，主动服务国家战略实施，积极推动京津冀、京蒙在经济、科技、教育、医疗、文旅等多领域深入合作。高站位推进提案办理协商，市政协领导班子成员牵头督办 11 个议题的 53 件重点提案，举办 5 期"市民对话一把手·提案办理面对面"全媒体访谈。通过提案交办"直通车"等多举措助力"23·7"极端强降雨灾后恢复重建。加强协商议政制度建设。制定专题议政性常委会会议、议政会、专题协商会、协商座谈会实施细则，规范协商会议组织机制和工作流程，将协商互动贯穿于调查研究、意见表达、共识形成等全过程，为不断提升协商效能提供制度保障。

天津市政协充分发挥协商式监督特色优势，协助党委政府解决问题、改进工作、增进团结、凝心聚力。天津市委市政府将防范化解债务风险作为重中之重，市政协专门成立由主要领导任组长的工作专班，助力防范化解债务风险部署要求落地见效，历时两个多月，召开30余场座谈会，摸清债务特点，精准发现债务底数不清、政府无效投资、融资成本高等突出问题，深入剖析原因，从财政政策、金融政策、土地政策、产业政策等方面提出意见建议并督促改进，专题报告得到市委市政府主要领导同志批示肯定，相关建议转化为政策措施。同时，深入有关区、部门、企业特别是深入债务负担重的区开展调研式监督，为全市及各区圆满完成阶段性年度化债任务贡献力量。海河流域性特大洪水发生后，组织力量深入实地开展调研式监督，认真分析梳理，形成调研报告，就进一步完善转移安置方案、防洪工程体系、救灾补偿政策等提出具体建议，协力推动海河流域性特大洪水灾后重建，得到市委市政府主要领导同志批示肯定，有关建议被政府部门转化为政策措施。

河北省政协创新工作方式方法，促进协商民主提质增效。大兴调查研究，筑牢创新之基。首次将加强政协"三化"功能建设、完善民主监督和委员联系界别群众制度机制、加强凝聚共识工作等重点难点问题纳入调研计划，把中共二十大关于全面发展协商民主的部署要求细化分解，开展重点调研55项，分别由领导班子成员牵头，省市县三级政协联动，深化规律性认识，形成高质量报告，转化为相关制度性文件45项，形成社情民意信息联系点、政协理论研究"基地＋工作站"等创新举措66项，为做好新时代政协工作打下坚实基础。丰富平台载体，增强协商建言实效。首次在常委会会议分组讨论中开展省市联动协商，让基层声音直达会议现场。创办"政银企"委员议事堂，以专门委员会为依托，以政府、银行、企业委员和委员联系的单位为议事主体，搭建三方对接协商融合平台，推动金融机构为中小企业累计贷款投放12759

户、104.6 亿元，有效服务实体经济发展。组织推进湿地保护修复、优化法治化营商环境等专项监督4 次。

山西省政协创新开展凝聚共识工作。建设学思践悟习近平新时代中国特色社会主义思想新平台。以专门委员会为依托成立 9 个委员学习座谈小组，全年开展学习座谈 36 次。举办两期省政协委员培训班，实现集中轮训全覆盖。举办 9 期"政协学堂"、6 期"委员讲坛"，党组和主席会议成员登台主讲，专门委员会主任、专家学者、政协委员进行专题讲座，各级政协委员和机关干部线上线下6000 余人次参加。建立委员重点关切情况通报等制度，围绕落实"两个毫不动摇"、防范和化解风险等邀请相关界别委员座谈交流，以共同事业、共同目标稳预期、聚人心。建立寓思想政治引领于团结民主之中的谈心工作机制等，党组成员与党外委员谈心 70 余人次，依托专门委员会组织党外委员开展以自我教育为主旨的专题视察 17 次，党组和主席会议成员走访看望委员 350 余人次。建立"双联系"机制，形成主席会议成员联系界别和委员、委员联系界别群众的工作格局。践行协商于民，指导市县政协建设 2787 个"有事来商量"协商平台，推动政协协商与基层协商有机融合，助力群众急难愁盼问题解决。

内蒙古自治区政协坚持守正创新，不断推进各项工作制度化建设。首次制定印发自治区政协五年工作规划，配套制定提案、反映社情民意信息和各专门委员会五年工作规划，构建起"1+N"（一个总规划、N 个专项规划）五年工作规划体系。首次制定《关于支持驻政协机关纪检监察组工作的办法》《关于加强和改进人民政协民主监督工作的措施》《关于加强政协机关干部队伍建设的意见》等 13 项制度，修订完善 81 项制度。首次编印《政协机关工作规范》《政协机关工作手册》《秘书工作规范》《办文办会工作规范》等，建立"师傅带徒弟"、三人审校等工作机制，推动政协机关提标提速提效。

辽宁省政协认真贯彻落实《关于加强和改进新时代市县政协工作的意见》，切实加强对市县政协联络指导，提高协商履职水平。组织"加强和改进新时代市县政协工作，助力辽宁全面振兴新突破三年行动"推进会，召开年度省市县政协主席座谈会，邀请县（市、区）政协主席分批列席专题议政性常委会会议，推动形成情况互通、经验互学、工作互动的良好氛围。针对市县政协普遍换届、新任职政协干部较多的实际，围绕"把牢人民政协新使命新方位"等主题，举办 3 期市县政协领导干部培训班，系统学习习近平总书记关于加强和改进新时代人民政协工作的重要思想，全面掌握党中央对人民政协工作的新部署新要求。加强协同履职，擦亮"辽事好商量，聊事为人民"协商品牌，推动省市县三级政协委员依托"两代表一委员"工作室和界别委员工作室广泛开展政协协商；向市县政协发出倡议，在全省政协委员中开展"为全面振兴新突破三年行动建真言、出点子、作贡献"活动；围绕探索省市县三级政协联动开展民主监督的有效实现途径组织专题调研，制定印发有关民主监督工作方案，引导带动市县政协围绕中心履职尽责，为推动辽宁全面振兴新突破贡献政协智慧和力量。

吉林省政协不断创新协商平台，立足吉林大地和网络云端两个"田间地头"，组建工作专班，集中力量攻坚，全力打造省市县三级政协一体贯通、上下联动、协同高效的"政协吉云"履职平台，推动各专门委员会引导委员和界别群众乘"云"履职、携"网"议政，实现学习与履职共同提升、线上与线下相互促进。打造提案办理、社情民意、协商议政、委员考评等多场景应用。平台上线四个月，委员登录浏览 47 万余人次，议政留言 3.61 万条，反映社情民意信息 6800 余条、提案近 7000件，发布资讯 5000 余条，推动政协机关与同级党政部门网络互联互通、数据共享，初步实现了融提案工作、信息反映、履职活动、学习教育、服务管理、团结联谊"六位一体"的建设目标，充分发挥平台载体作用，以数字化促进协商民主提质增效、赋能政协工作高质量发展。在"政协吉云"履职平台开设"微建议"专栏，鼓励委员聚焦群众身边的热点难点问题提出意见建议，与省政府联合发文推动微建议办理工作，实现"小切口"服务"大民生"。

黑龙江省政协针对不同界别特点，探索深化政协协商民主工作新机制、新办法、新渠道。立足工商联、经济、民建等界别企业家集中的实际，从助力优化营商环境角度切入，创建"一库一网一平台一沙龙"，即三级政协企业家委员数据库，具有政协特色的营商环境监测网络和企业呼声反映平台，企业家委员优化营商环境建言资政沙龙。积极发挥"政治引领、征求意见、诉求反映、服务保障、社情民意、监测评估"六大功能。截至 2023 年底，全省三级政协企业家委员已入库 3501 人，依托网络和平台，通过委员向相关界别群众征求营商环境方面意见建议 4451 条；省政协进行 4 次"营商环境监测调查分析"，同时协助省工信厅就"民营经济 45 条"进行 1 次调查分析，累计 6000 多人次参与其中；宣传解读了《关于振兴发展民营经济的若干意见》等 128 条政策服务信息，总浏览量超 13000 人次；采取线上线下融合座谈的方式，举办 3 期企业家委员优化营商环境建言资政沙龙，共邀请 31 位省级政协企业家委员、48 位市县两级政协企业家委员和政协相关负责人参加。

上海市政协制定《关于充分发挥人民政协专门协商机构作用，推动上海打造全过程人民民主最佳实践地的意见》和工作方案，把践行全过程人民民主、协商民主贯穿履职全过程，努力推动上海从全过程人民民主重大理念首提地成为最佳实践地。建立健全履职议题提出、深度协商互动、协商式监督、精准建言资政、广泛凝聚共识、履职成果评价反馈等六项机制，精心构建机制健全、衔接有序、链条完整的工作闭环体系。设立上海政协全过程人民民主实践点，组织在沪全国、市、区三级政协委员将经常性联系界别群众、常态化收集社情民意、阶段性协商议政调研等结合起来，着力打造"一个窗口"、"五个平台"，即讲好全过程人民民主精彩故事的重要窗口，有序参与平台、联系界别群众平台、深度调研平台、联动协商平台、凝聚共识平台。设立上海政协全过程人民民主研习基地，与复旦大学共建全过程人民民主研究基地，深入开展协商民主理论研究和实践探索。创建第一批 37 个践行全过程人民民主示范点，深入开展政协协商制度化实践，更好彰显人民民主的真谛。

江苏省政协注重把丰富协商形式与提高协商实效予以统筹谋划、同步推进，进一步完善政企协商座谈会、发展·民生专题协商座谈会、专家协商会等协商平台，持续开展立法协商，携手沪浙皖政协开展联合调研视察、联动民主监督，形成重点性协商与经常性协商相辅相成的良好局面。注重工作方式创新，开展不立案提案分析，推进重点提案督办，协助省委省政府领导同志全员领办督办重点提案。全年共提交提案 980 件，经审查立案 858 件，均按时办结。创新开展提案线索和协商选题征集走访调研，主席会议成员带队走访省有关部门和单位，听建议、征线索、话发展，共征集协商选题建议 381 条、提案线索 343 条。完善反映社情民意信息工作"直通车"机制，着力增强社情民意信息报送的针对性和实效性。把互联网优势同政协特色相结合，加快"数字政协"建设步伐，构建全省政协"一网"互联、服务委员全天候在线履职的工作新格局。结合主题教育建章立制，推进"制度建设提升年"相关工作。深化联动机制创新，完善省市县三级上下联动机制、形成协同推进的整体合力。

浙江省政协结合主题教育，深入开展"循迹溯源学思想促践行"，梳理习近平总书记在浙江工作期间关于政协工作的重要讲话和指示批示，开展习近平总书记关于加强和改进人民政协工作的重要思想在浙江探索与实践系列课题研究，总结出"十个发展升华"，即从"加强和改善党对政协工作的领导"到"坚持党对政协工作的全面领导"的发展升华，从"人民政协是我国民主政治制度的一大特色”到“人民政协是具有中国特色的制度安排”的发展升华，从“更好地发挥我国社会主义政党制度的优势和作用”到“坚持和完善我国新型政党制度”的发展升华，从“围绕党和政府的中心工作履行职能、开展活动”到“聚焦党和国家中心任务履职尽责”的发展升华，从“推进政协工作制度化、规范化、程序化”到“加强制度化、规范化、程序化等功能建设”的发展升华，从“人民政协的根本任务就是争取人心，凝聚力量”到“把加强思想政治引领、广泛凝聚共识作为中心环节”的发展升华，从“发挥人民政协协商式民主的优势”到“人民政协是协商民主的重要渠道和专门协商机构”的发展升华，从“充分发挥协商监督的优势”到“发挥协商式监督优势”的发展升华，从“为百姓谋福祉，为人民谋利益”到“坚持人民政协为人民”的发展升华，从“讲政治、顾大局、守纪律、忠职守”到“懂政协、会协商、善议政，守纪律、讲规矩、重品行”的发展升华。在溯本求源中深入学习党的创新理论，更好用以武装头脑、指导实践、推动工作。

安徽省政协以开展重大课题研究为抓手，用好调查研究这个建言之基、资政之道。按照省委要求，扎实开展 9 项重大课题研究，切实做到党政需要什么、群众关注什么，政协就跟进研究什么、建言什么，在服务"党政所需"和"群众所盼"上展现政协的使命担当。完善制度机制，制定出台《省政协重大课题研究工作实施办法》，规范工作运行。积极探索开放式研究的方法和路径，建立政协委员、专家学者、机关干部等共同参与的组团式课题组，组织开展专家协商会、工作交流会、成果评审会，集思广益把对策建议提实提准，努力形成方案级建议。坚持全过程、立体式反映重大课题研究成果，以调研报告、政协建议、提案、大会发言、信息专报等多种形式，及时向省委省政府反映研究过程中发现的突出问题和阶段性成果。坚持常态化跟踪问效，及时掌握省委、省政府领导同志对课题成果的批示情况，主动了解相关部门对领导批示落实和成果采纳办理情况，政协履职的"有用之言"不断转化为全省发展的"有效之策、有益之事"。

福建省政协坚持问题导向，把"破解市县政协'两个薄弱'，推动政协事业高质量发展"作为主题教育重点调研课题，省政协党组书记、主席带队深入实地调研，直面短板弱项、共谋解题之策，形成调研报告。省政协梳理出需要党委层面研究解决的10个方面问题，向省委专题报告。省委书记作出批示，将破解市县政协"两个薄弱"问题上升为省委决策部署。推动专题攻关，省委组织部牵头开展专项调研，召开专题会议，就相关问题列入省委专项督查，提出18项指导性、针对性强，含金量高，基层易操作、好落实的具体举措。省政协主动加强与省直部门的联系沟通，切实将破解市县政协"两个薄弱"问题纳入2023年省委督查计划和省纪委监委专项监督重要内容。发挥市县党委优势，选取漳州和三明作为试点，推动两地党委在全省率先就破解市县政协"两个薄弱"问题出台制度性文件，率先探索采取调剂空编保障周转、退休后编制返还等办法，解决长期困扰基层政协"既超编又缺人"的问题。

江西省政协坚持问题导向、目标导向、效果导向，探索履职新途径，创设月度协商会，取得了良好成效。一是丰富协商形式。在坚持通过省委办公厅、省政府办公厅、省政协办公厅联合印发省政协年度协商工作计划、开展年度协商工作基础上，探索创设月度协商会，全年共举办月度协商会9次，为委员履职提供了更多平台。二是健全协商机制。出台《政协江西省委员会月度协商会实施办法（试行）》，在广泛征求意见基础上，制定并印发实施《2023年江西省政协月度协商计划安排》。三是拓展协商深度。坚持高位推动，省政协主席主持月度协商会并讲话，与会同志深入互动交流。坚持精选议题，聚焦小而精的务实议题开展协商。坚持广泛参与，既邀请委员、部门负责同志，又邀请专家学者和群众代表参加会议。四是提升协商实效。会前广泛深入开展调查研究，把问题查明，把原因弄清，把建议提准。会中既预约代表发言，也安排自由提问，部门负责同志积极回应。会后持续跟踪问效，做实月度协商"后半篇文章"。

山东省政协擦亮"有事多商量"协商品牌，更好释放专门协商机构效能。坚持高起点谋划部署，做优顶层设计，将协商平台建设作为"一把手"工程大力推进，出台省政协协商工作规则，制定实施方案，召开片区座谈会。坚持高标准联系指导，推动省市县三级政协整体发力，鼓励市县政协因地制宜搭平台、树品牌。督促指导市县政协推动党委会同政府、政协联合制定印发年度协商工作计划。按照"六有"标准，指导市县政协稳步推进协商平台实体场所建设。适应数字化发展趋势，建设省市县三级政协共用的线上协商平台。设计"有事多商量"品牌标识，提升协商品牌的辨识度和影响力。坚持高质量示范引领，切实提升协商质效。坚持"政协出品，必是精品"工作标准，创设常态化融合履职载体"月度协商会"，举办专题议政性常委会会议2次，月度协商会8次，开展黄河流域生态保护专项民主监督。通过"民声连线"、"主题议政"等方式，多渠道开展网络调查和议政建言，为省委省政府科学民主决策和有效施策提供有益参考。

河南省政协把开展学习贯彻习近平新时代中国特色社会主义思想主题教育作为重大政治任务，聚焦主题主线系统谋划、有序推进。坚持"第一议题"制度，形成以党组理论学习中心组学习为引领，专题读书班、委员和机关干部培训、集中研讨交流、常委会学习讲座等互促共进的学习机制，进一步夯实坚定拥护"两个确立"、坚决做到"两个维护"的思想根基。建立省政协领导干部联系界别联系委员、党员委员联系党外委员、委员联系界别群众等"三联"工作机制，组织开展"学习新思想·奋进新征程"委员读书活动、"实干促发展·政协建新功"实践活动等。通过主题教育，健全完善习近平总书记重要讲话重要指示和中央、省委重大决策部署落实机制；在各项履职活动中注重做好中共中央大政方针的宣传宣讲和省委决策部署的宣介解读；围绕党组自身建设等建立完善一批制度，召开全省市县政协主席党的建设工作座谈会，把牢政协协商民主建设的正确政治方向。

湖北省政协以开展专项监督活动为抓手，不断加强和改进民主监督工作，有效提升政协民主监督效能。一是提高政治站位，把准方向原则。坚持把党的领导贯穿政协民主监督工作各方面全过程。坚持突出民主监督工作重点，围绕党中央重大方针政策和改革举措，以及省委重大工作安排的贯彻落实情况深入开展民主监督，对重要问题持续跟踪监督。二是突出专项监督，加强制度建设。协助省委出台《关于加强和改进人民政协民主监督工作的实施意见》。探索推进政协民主监督与其他监督形式的沟通交流。建立与宣传部门的协作机制。推动将政协重点监督项目办理情况纳入相关目标责任考核，将办理民主监督意见列入受监督单位履职尽责清单。三是创新方式手段，增强监督实效。注重依托工作专班持续开展专项监督。围绕优化营商环境等成立三个专项民主监督工作小组。注重以解剖式调研提高监督建言质量。在全省政协开展"一线协商·共同缔造"行动，围绕群众最关心最直接最现实的利益问题开展"一线监督"。

湖南省政协深入学习贯彻习近平生态文明思想，认真落实习近平总书记在全国生态环境保护大会上的重要讲话精神，出台生态环境保护专题协商和民主监督工作意见，聚焦打好蓝天、碧水、净土保卫战，探索开展改善生态环境专项民主监督。紧扣中央及省生态环保督察发现的突出问题、长江经济带生态环境警示片反馈问题、洞庭湖生态疏浚等重点问题、市州政协反映的共性问题，选准切口，深入调研，协商监督，助推解决宏观的生态环境问题。与省生态环境厅、湖南日报社联合推出"生态环保直通车"，引导委员和群众广泛参与，推动完善群众有奖举报制度，促进环保督察、民主监督、舆论监督和群众监督有机结合。指导市县政协结合实际，紧盯大气污染防治等精准发力，助力解决具体环保问题 4100 多个。定期对市县政协专项民主监督工作开展测评，测评结果最好、进步最快的市州政协，在省政协常委会会议上交流发言，履职测评情况专报省委省政府，推动形成典型引路、扬先策后的协商式监督生动局面。

广东省政协对标对表中共二十大关于全面发展协商民主的重要部署，加强人民政协制度化、规范化、程序化等功能建设。一是探索构建政协履职工作体系。坚持以"走在前列"总目标统领政协工作；坚持党的全面领导，加强政协党的建设；强化政治引领等 8 项功能建设；加强委员队伍等 6 项保障。二是推动协商平台提质扩面。持续加强"一委一品"建设，擦亮"粤商·省长面对面"协商座谈会工作品牌，将"做强百千万"民主监督议题纳入协商计划，创建"绿美广东·委员在行动"工作品牌。三是拓展政协协商深度广度。探索开展深度协商会，从年度重点协商议题中选择"小切口"，组织委员、专家等与党政部门进行协商。创建"主席·专家深聊会"，组织小范围座谈讨论，提出有价值、有分量的对策建议。省政协领导班子成员深入市县政协机关调研，加强对市县政协的联系指导。专题部署反映社情民意信息工作，发挥"数字政协"平台作用，基本形成全省政协系统一网相联、全时履职的工作格局。

广西壮族自治区政协深入贯彻落实中共中央和自治区党委的决策部署，创新建立"五个一"工作机制，持续加强对市县政协的联系指导。一是明确"六个方面内容"，增强联系指导的针对性。将"强化理论武装、加强政协党的建设、更好服务中心大局、推进专门协商机构建设、坚持履职为民、强化政协自身建设"六个方面作为加强对市县政协联系指导、推动解决"两个薄弱"问题的重点内容。二是组织开展"五个一"活动，自治区政协领导班子成员带头开展"五个一"活动（即进行一次主题宣讲、开展一次专题调研、召开一次专题座谈会、提出一项专项建议、办好一件实事）。自活动开展以来，自治区政协领导班子成员经常深入市县宣讲习近平新时代中国特色社会主义思想，与委员、群众开展座谈交流，协调解决困难、指导推动工作。三是形成"一个制度性安排"，注重联系指导的长效性。出台《广西壮族自治区政协主席会议成员联系指导设区市政协工作的办法》，推动自治区政协加强对市县政协工作指导常态化。

海南省政协加强对市县政协工作的联系指导，推动市县政协更好发挥专门协商机构作用。一是上下联动工作机制更加健全。完善省政协主席会议成员联系指导市县政协工作机制，召开全省市县政协主席座谈会等深化工作交流、深入总结。创新性开展省市县政协联动协商，邀请市县政协参与省政协组织的各项调研和协商活动，发挥各级政协组织的优势作用。以界别为依托建成 79 个省政协委员联系界别群众工作站，积极吸收同界别的市县政协委员加入其中。二是市县政协"两支队伍"建设成效更加凸显。推动将全省市县政协主席会议成员专题培训纳入省委组织部干部培训计划。邀请市县政协委员和机关干部参加省政协各类培训，对市县政协举办的培训班给予授课师资等方面的支持帮助。三是信息资源共享渠道更加畅通。用好多种媒体平台，积极宣传市县政协工作的创新举措、经验做法。联合省级媒体推出 16 期"共建自贸港、委员在行动"专题宣传报道，大力宣传全省各级政协委员投身海南自贸港建设的履职情况和典型事例。

重庆市政协牢牢把握政协作为专门协商机构的

性质定位，积极优化重点协商方案生成机制，推动政协协商提质增效。一是瞄准问题"靶心"，找准选题定位。紧紧围绕党政所需、群众所盼、政协所能确定协商议题。坚持领导点题、调研选题、委员荐题、社会征题相结合，经市政协党组审议后报市委审定，形成年度重点协商计划。按照"关键影响因子全覆盖、短板缺项痛点不遗漏"原则，精心设计调研子课题。二是广泛深入开展调研，切实提升发言质量。遴选对课题情况熟、思考多、研究深的委员，领衔组成重点协商课题调研组，在充分准备基础上深入扎实开展调研，形成高质量调研报告。优化发言材料结构，按 1∶4∶5（即现状占 10%，问题占 40%，对策建议占 50%），突出意见建议的针对性和可操作性。三是精准匹配适合参与调研和发言的委员，优化协商议政发言内容。协商牵头部门精心组织撰写发言材料，市政协主要领导同志多次开会指导，最终形成重点协商发言材料。遴选政协委员现场发言，党政部门针对委员建议现场作出回应，实现反映意见建议和解疑释惑良性互动、有机统一。

四川省政协深入贯彻落实中央政协工作会议

精神，聚焦解决市县政协"两个薄弱"问题，加强联系指导，提高履职水平，进一步推动人民政协制度优势有效发挥。一是增强联系指导实效。制定并落实省政协主席、副主席联系指导市县政协工作制度。2023 年，主席会议成员带队赴 21 个市（州）、83 个县（市、区）政协调研督导共 60 余次、80 余天。二是创新打造"一委一品牌"、"一市（州）一特色"。大力推动省政协各专门委员会创建"一委一品牌"、"提案 @ 你"等 12 个协商议政品牌，产生良好社会影响。指导市（州）政协创建"一市（州）一特色"、"我爱长江母亲河·委员担当添光彩"等 21 个具有鲜明辨识度的品牌，带动市县政协工作亮点纷呈。三是推动"有事来协商"提质增效。发挥政协在践行全过程人民民主中的优势作用，推动委员下沉一线履职。目前全省已建成"有事来协商"平台 1.7 万余个，2023 年累计开展小微协商 9620 多次，助推解决社会民生难题 2.1 万余件。"院坝协商"等品牌越擦越亮，展现出政协协商民主在全过程人民民主中的生机活力。

贵州省政协建立省市县三级政协联动工作机制，切实加强对市县政协工作的联系指导，推动解决市县政协"两个薄弱"问题。一是以强化党建引领破解"两个薄弱"问题。各市县政协按照有关规定和程序规范设置市县政协党组、机关党组，创新设置专门委员会党的组织体系（功能型党组织），强化政协党组对所属机关党组、专门委员会党组织的领导。二是以强化专门委员会基础作用破解"两个薄弱"问题。各市县政协结合实际合理设置专门委员会，优化干部队伍结构、充实工作力量，有效解决专门委员会人员力量不足问题。三是以强化委员主体作用破解"两个薄弱"问题。各市县政协加强委员服务管理，积极引导政协委员广泛深入基层一线履职尽责。四是以强化政协干部队伍建设破解"两个薄弱"问题。推动市县党委选优配强市县政协领导班子，配备必要工作力量。五是以强化基层民主协商破解"两个薄弱"问题。积极探索政协协商与基层协商有效衔接，出台"园区协商"工作规则，打造"社区协商"等基层协商平台，把人民政协制度优势转化为基层治理效能。

云南省政协统筹推进市（州）县政协"开展院坝协商·建设文明村寨"行动。2023 年，市（州）县政协共召开"院坝协商"会 983 场次、助推解决问题 2809 个。坚持党的全面领导，省政协党组向省委报送《关于开展"院坝协商"行动的请示》，组织召开全省政协"院坝协商"行动动员会进行部署。坚持政协性质定位，按照不建机构建机制的思路，主导搭建"院坝协商"平台开展协商议事活动。坚持灵活工作机制，省政协出台指导意见，成立工作指导组负责统筹协调；市（州）政协加强业务指导；县级政协建立主席会议成员、专门委员会挂包乡镇或重点村工作机制。依托在乡镇、街道、农场设立的委员活动小组（委员工作室），务实有效开展协商活动。坚持积极主动发挥作用，构建省市（州）县三级政协联动工作体系，县级政协作为"院坝协商"行动实施主体，建立主要领导负总责、分管领导具体负责、班子成员齐抓共管、各专门委员会齐上阵的工作格局。省政协在全省评选 83 个"院坝协商"典型案例，通过典型案例强化示范引领。

西藏自治区政协擦亮"学理论"、"交朋友"、"讲故事"、"办实事"履职品牌，以高水平履职服务西藏各项事业高质量发展。一是持之以恒"学理论"，夯实思想根基。把"学理论"作为旗帜鲜明讲政治、认真贯彻落实"第一议题"制度的重要举措，制定工作方案，建立健全习近平新时代中国特色社会主义思想学习座谈小组领学等"八学联动"机制，成立"政协书院"，打造"书香政协·委员读书"活动品牌。二是有形有感"讲故事"，凝聚奋进伟力。发出致全自治区政协委员的一封信，征集并编发委员故事130余篇，唱响雪域儿女"建设美丽幸福西藏、共圆伟大复兴梦想"的共同心声。三是用心用情"交朋友"，增进团结友谊。建立健全委员联系界别群众等制度，完善相关机制，创新"一委一品"工作载体，搭建委员"双向"交流履职云平台。四是全心全意"办实事"，走进群众心坎。深入开展"四级"政协委员"走基层、交朋友，大兴调查研究，反映社情民意"活动，为群众做好事、为委员办实事、为干部解难事。

陕西省政协着力在提振精神、创新机制、提升素质、改进作风上狠下功夫，推动破解"两个薄弱"取得新成效。一是在提振精神上下功夫。全面落实"第一议题"制度，坚持用习近平新时代中国特色社会主义思想引领人，推广市县政协落实"第一议题"制度的创新做法。用中国式现代化建设的宏伟目标激励人，用新时代人民政协的创新实践凝聚人。二是在创新机制上下功夫。制定"秦商量"协商议政平台使用管理办法、委员联系界别群众制度和中共党员委员联系党外委员工作办法。制定加强和改进专门委员会工作的意见，打造"一委一品"。推动市县政协常委兼任专门委员会副主任，着力破解"一人委"问题。三是在提升素质上下功夫。举办省政协新任委员培训班，提升委员协商能力。改进省政协党组中心组学习方式，建立会前抓自学、会上重交流的新机制。在全省政协系统建立调研成果分享会机制。四是在改进作风上下功夫。省政协党组制定并严格落实关于加强自身建设的意见，深入开展作风建设专项行动。引导市县政协把履职质量摆在第一位，推动各项工作做到数量服从质量。

甘肃省政协牢牢把握协商式监督性质定位，积极探索创新民主监督制度机制和有效形式。一是完善制度机制，规范民主监督工作。出台《政协甘肃省委员会关于加强和改进民主监督工作的实施办法》。围绕助推服务全省"优化营商环境攻坚突破年"活动，制定《开展优化营商环境民主监督的意见》。二是探索开展专题监督，提升监督实效。省政协聚焦优化营商环境主题，探索定性与定量相结合、日常监督和集中监督相贯通监督方式。日常监督主要是支持和鼓励委员通过提案等形式进行监督；集中监督每年开展一次，邀请民主党派省委等单位、政协委员等组成监督小组，采取定性与定量相结合的方法，分析困难问题，形成反馈意见。三是联合开展对口监督，创新监督形式。省政协启动开展民主党派对口监督生态环境保护重点领域监督工作，会同省委统战部联合省级各民主党派开展"同题共答"，紧扣甘肃"两河"等六大重点领域的生态环境问题开展监督。邀请省有关部门做好信息通报、政策解释等工作，为民主党派开展监督创造条件、提供便利。

青海省政协坚持团结和民主两大主题，以铸牢中华民族共同体意识为主线，切实加强对各族各界的团结引领。一是注重发挥界别优势。健全和完善委员联系界别群众制度机制，组织引导政协委员深入界别群众，广泛宣讲党的创新理论，积极开展委员履职"服务为民"活动。"12·18"地震发生后，省政协领导同志带队深入受灾地区看望慰问一线干部群众，政协委员及有关单位累计捐款捐物6000余万元。二是注重发挥新型政党制度优势。首次以省政协党组名义召开专题座谈会，支持各民主党派省委、省工商联和无党派人士在政协更好履行职能。三是注重发挥民族宗教界委员优势。省政协引导民族宗教界委员经常深入宗教场所和所联系界别群众开展铸牢中华民族共同体意识教育，围绕藏传佛教中国化等课题开展调研视察和提案督办。四是注重发挥港澳委员优势。省政协推动成立港澳青海商会，邀请港澳企业家代表团来青参加第三届中国（青海）国际生态博览会，就深化青港澳交流合作等开展对口协商和调研视察。

宁夏回族自治区政协认真贯彻落实自治区党委关于安全生产工作的安排部署，探索"专项＋专题"协商式民主监督方式，组织委员围绕安全生产开展专题民主监督。一是强化组织领导，在工作部署上一体谋划实施。自治区政协领导同志高度重视，制定《关于充分发挥政协民主监督职能作用，常态化助力化解安全风险隐患工作的意见》，将重点任务分解到9个专门委员会，明确本届内每个专门委员会每年选择1至2个议题开展民主监督。二是注重方式方法，在工作形式上把准定位。有针对性地细化拓展监督内容，集中时间、集中力量开展"安全生产民主监督周"，按照"行业＋地方＋生产经营单位"相结合的原则，做到边调研、边协商、边监督、边推动问题解决。三是加强协作配合，在工作落实上密切联动。各民主监督工作组主动加强与市县政协联动，提高民主监督的整体性、协同性。注重引导政协委员深入一线，积极宣传中共中央关于安全生产的决策部署，着力凝聚共识。邀请相关领域专家参与，增强民主监督专业化水平。

新疆维吾尔自治区政协聚焦"学思想、强党性、重实践、建新功"总要求，坚持学习打头、调研开路、实干开局整体融合，实现党组成员以上率下带头讲党课、党员委员引领党外委员学习、机关党员领导干部带动机关全体干部职工学习、政协离退休党员干部职工送学"四个全覆盖"，举办委员读书班和"雨露讲坛"。大兴调查研究之风，确定铸牢中华民族共同体意识等28个重点调研课题，由主席会议成员领题调研。对标对表党中央指出的6个方面突出问题，确定16项专项整治任务，

61 条改进措施全部落实到位。综合运用提案等方式办好民之关切，让群众切身感受到"政协离自己很近、委员就在身边"。把开展主题教育与统筹政协力量、协同履职建言有机结合起来。坚持走好新时代群众路线，持续深化"委员走基层"，组织全区各级委员宣传宣讲宣教 2.1 万场次，展现新时代责任委员风采。坚持"当下改"与"长久立"相结合，制定相关制度机制 26 项，以制度化、规范化、程序化建设新成效巩固深化主题教育成果。

2024 年，人民政协要坚持以习近平新时代中国特色社会主义思想为指导，深入学习贯彻中共二十大精神，坚持团结和民主两大主题，践行全过程人民民主理念，强化大局意识、彰显责任担当，踔厉奋发、勇毅前行，充分发挥专门协商机构作用，为奋进新征程凝心聚力，为全面建设社会主义现代化国家、全面推进中华民族伟大复兴而团结奋斗。

图书在版编目（CIP）数据

人民政协的协商民主建设 . 2023 ／ 政协全国委员会
办公厅编 . —北京：中国文史出版社，2024.3
ISBN 978-7-5205-4631-7

Ⅰ . ①人… Ⅱ . ①政… Ⅲ . ①中国人民政治协商会议 –
民主协商 – 研究 Ⅳ . ①D627

中国国家版本馆 CIP 数据核字（2024）第 040478 号

责任编辑：王文运　　　　　　　　　　装帧设计：王　琳

出版发行：**中国文史出版社**

社　　址：北京市海淀区西八里庄路 69 号　　邮编：100142
电　　话：010 – 81136601　81136698　81136648
　　　　　010 – 81136697　81136611　81136606
传　　真：010 – 81136677
印　　装：廊坊市海涛印刷有限公司
经　　销：全国新华书店
开　　本：787mm × 1092mm　1/16
印　　张：10
字　　数：75 千字
版　　次：2024 年 3 月北京第 1 版
印　　次：2024 年 3 月第 1 次印刷
定　　价：35.00 元